왜
그렇게
생각해?

왜 그렇게 생각해?

첫 번째 찍은 날 | 2013년 10월 17일
세 번째 찍은 날 | 2014년 9월 1일

글 강창훈 | 그림 박정인
펴낸이 이명회 | 펴낸곳 도서출판 이후 | 편집 김은주, 신원제, 유정언 | 마케팅 김우정

표지 및 본문 디자인 | (주)끄레 어소시에이츠

글 ⓒ 강창훈, 2013
그림 ⓒ 박정인, 2013

등록 | 1998. 2. 18(제13-828호)
주소 | 121-754 서울시 마포구 동교동 165-8 엘지팰리스 1229호
전화 | 02-3144-1357 (전송) 02-3141-9641
블로그 | http://blog.naver.com/dolphinbook
트위터 | @SmilingDolphinB

ISBN | 978-89-97715-16-9 73150

이 도서의 국립중앙도서관 출판시도서목록(CIP)은
e-CIP 홈페이지(http://www.ni.go.kr/cip.php)에서 이용하실 수 있습니다.
(CIP 제어번호: CIP 2013019356)

이 책은 저작권법에 의해 보호를 받는 저작물이므로 무단 전재와 복제를 금합니다.

꽃의 걸음걸이로, 어린이와 함께 자라는 웃는돌고래
웃는돌고래 는 〈도서출판 이후〉의 어린이책 전문 브랜드입니다.
어린이의 마음을 살찌우고, 생각의 힘을 키우는 책들을 펴낼 계획입니다.

고갱이 지식 백과 5

작은 철학자가 만난
10인의 동양 사상가

왜 그렇게 생각해?

글 강창훈 | 그림 박정인

웃는돌고래

 들어가며
왜 중국 철학을 알아야 할까?

"하늘 천, 땅 지, 검을 현, 누를 황……."

《천자문》맨 앞에 나오는 네 글자야. 여러분에게도 아주 익숙할 것 같아. 따로 《천자문》 공부를 하지 않았더라도 이 정도 한자는 알 거야. 쓸 수는 없어도 보면 "아! 이 글자!" 할 테지. 익숙한 것 같으면서도 어려운 게 한자야. 쓰기도 어렵지만 외우기는 더 어렵지. 그런데도 부모님이나 선생님들은 어려서부터 한자를 공부해야 한다고 야단이지? 나도 어렸을 때는 어른들을 이해할 수 없었어. 그냥 한글만 알아도 충분한데, 왜 이 어려운 글자를 또 배워야 하나 싶었지.

그러다 한참이 지나서야 그 까닭을 알게 됐단다. 대학에 가서 중국의 역사를 공부하게 되면서부터 말이야.

우리나라 사람들은 오랜 옛날부터 중국의 한자를 받아들여 사용해 왔어. 한자가 들어오면서 중국 사람들이 평소에 하던 생각도 함께 들어왔지. 글자에 담겨서 말이야. 우리나라 사람들은 한자를 사용하면서 중국 사람들의 생각도 자연스럽게 받아들였어. 한글이 만들어진 뒤에도 한자에 담겨 있던 그 생각은 여전히 우리에게 남아 있단다. 좁게는 우리들의 일상생활에, 넓게는 우리 사회 전반에 큰 영향을 끼치고 있지.

그래서 중국 사람들이 어떤 생각을 해 왔는지 여러분에게 들려주고 싶어졌어. 중국 사람들의 생각을 이해하면 우리의 생각도 더 잘 이해할 수 있게 될 테니까. 그게 내가 이 책을 쓴 까닭이란다.

그러나 수많은 중국인들이 가졌던 생각들을 어떻게 다 알 수 있냐고? 그건 걱정하지 않아도 돼. 다행히 중국 사람들의 생각을 이끌었던 대표 철학자들이 따로 있었거든. 이 책에 소개한 열 명만 이해하면 중국 사람들이 어떤 생각을 해 왔는지 알 수 있을 거야. 춘추전국시대에 활동했고, 지금까지 중국 사람들에게 영향을 끼치고 있는 철학자들을 '제자백가'라고 해. 이 책을 읽는 내내 계속 듣게 될 말이야.

"공자 왈, 맹자 왈" 하는 소리는 들어 봤겠지? 너무도 유명한 바로 이 공자와 맹자도 제자백가에 속하는 사람들이야. 공자, 맹자만큼은 아니어도 역시나 아주 유명한 노자, 장자도 제자백가란다. 《손자병법》을 쓴 손자 알아? 손자도 제자백가야. 그들 말고도 묵자, 순자, 양주, 한비자, 오자라는 사람도 있단다.

제자백가는 지금부터 2천2백 년 전부터 2천5백 년 전까지 중국에서 살았던 철학자들이야. 정말 까마득한 옛날이지? 우리나라로 치면 고조선 때야. 그때 탄생한 철학이 중국은 물론이고 지금의 우리나라에까지 영향을 주고 있어. 게다가 어떤 사상은 동양을 넘어 서양에까지 널리 알려지기도 했고 말이야. 믿어지지 않는다고?

그럴 것 같아서 내가 여러분 또래 아이들과 나눈 이야기를 편지 형식으로 들려주려고 해. 초등학교 6학년인 서영이와 건우는 내 친구의 아이들이야. 아빠들끼리 친구라서 서영이랑 건우도 서로 친해. 어느 날 서영이랑 건우가 박물관 견학을 해야 한다면서 나더러 같이 가 달라는 거야. 내가 역사를 전공했으니, 도움이 될 거라면서 말이지. 박물관에서 하루를 보내고 나서부터 우리들은 아주 가까워졌단다. 이야기를 나누다 보니, 서영이는 씩씩하고 무엇이든 적극적으로 하는 친구이고 건우는 다른 사람을 이해할 줄 알고 배려심이 깊은 아이란 걸 알게 됐어.

　서영이와 건우가 일상생활에서 만난 궁금한 이야기에 대해 물어보면 나는 오래전 중국 철학자들의 이야기를 가져와서 답을 해 줬어. 그러다 다른 친구들에게도 이 이야기를 들려주고 싶어졌지. 서영이나 건우의 고민 편지 속에서 중국의 역사와 제자백가 열 명의 철학자가 주장한 이야기가 어떻게 맞물려 있는지 잘 살펴보렴. 그리고 우리가 지금 고민하는 것이 제자백가의 철학과 어떤 관계가 있는지, 우리의 고민을 풀기 위해서는 제자백가의 철학을 어떻게 활용해야 하는지 생각하면서 읽어 주렴. 분명히 새로운 눈으로 세상을 보게 될 거야. 진짜라니까! 한번 믿어 봐!

2013년 9월
강창훈

 ## 제자백가란?

제자백가는 중국의 춘추전국시대 때 활동한 사람들이야. '제자諸子'는 '여러 철학자들'을 뜻하고, '백가百家'는 '수많은 철학 학파'를 뜻하지. 제자백가가 어떤 사람들인지 알려면 춘추전국시대에 대해 먼저 이해해야 해.

지금부터 3천 년 전쯤, 중국에는 '주'라는 나라가 있었어. 그런데 주나라는 지금 우리가 생각하는 보통의 나라와는 모습이 달랐단다. 주나라 왕은 모든 영토를 혼자서 직접 다스리지 못했어. 왕의 힘이 크지 않았기 때문이지. 왕은 자식들을 제후로 삼아 각각 땅을 나누어 주고 다스리도록 했어. 제후들은 땅을 받는 대신, 왕에게 세금도 바치고 전쟁 때는 군대도 보냈지. 처음에는 왕과 제후들이 서로 의무를 잘 지키며 사이좋게 지냈단다.

그러나 시간이 흐르면서 왕과 제후들의 사이가 점점 멀어졌어. 제후들이 생각하기에 왕은 해 주는 것도 없으면서, 돈이며 군대며 자꾸만 내놓으라고 하는 것 같았지. 제후들이 왕을 무시하니 주나라 왕실은 점점 약해졌단. 제후들은 자기들이 왕과 다름없다고 생각했고, 다스리는 땅도 '제후국'이라 불리기 시작했어. 그런 제후국이 수없이 많았던 시대를 '춘추전국시대'라고 불러.

제후들은 각자 자기 땅을 더 강하게 만들어야 했어. 그러기 위해서는 좋은 인재가 필요했지. 제후들이 인재를 구하자, 좋은 인재들이 세상에 나오기 시작했어. 여러 제후국을 다니면서 제후의 뜻과 자신의 뜻이 맞는지 알아보는 사람들도 생겨났지. 그런 사람 가운데는 훌륭한 철학자들이 많았는데, 뜻이 비슷한 사람들끼리 함께 행동했어. 이들을 가리켜 '제자백가'라고 한단다.

춘추전국시대 철학자들의 이동 경로

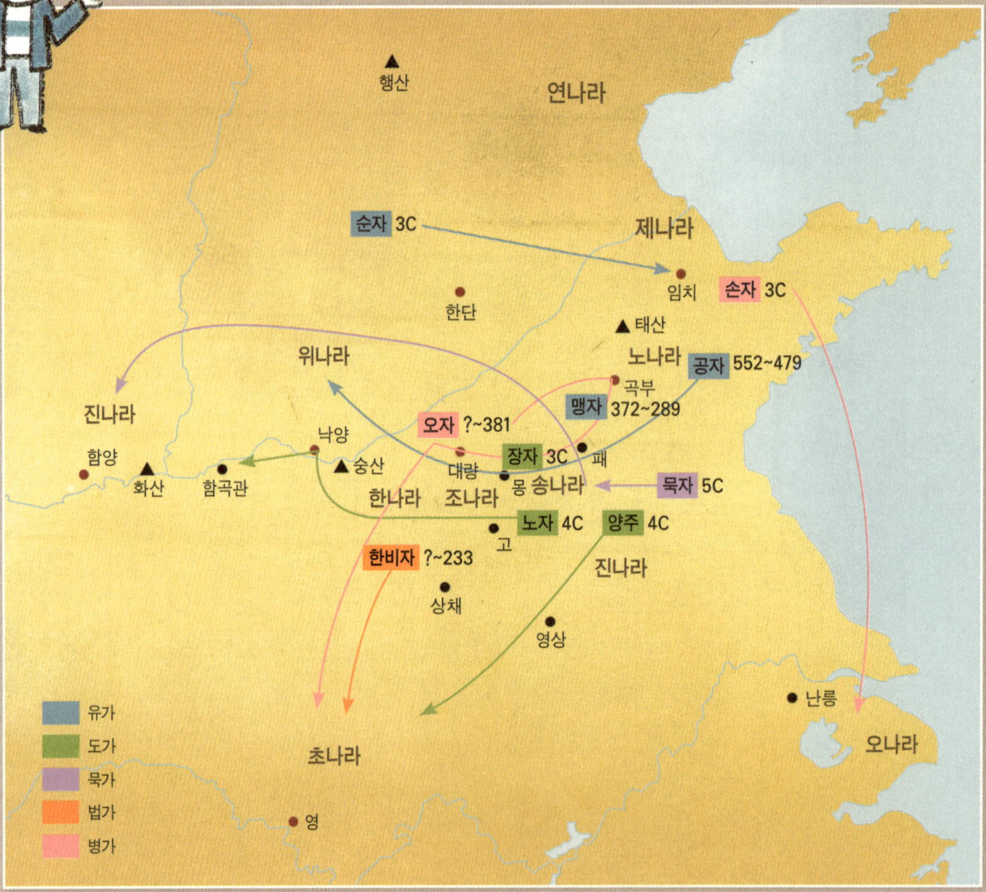

- 유가
- 도가
- 묵가
- 법가
- 병가

공자는 제자들을 이끌고 여러 나라를 떠돌며 자신의 철학을 전파했다.
묵자는 강대국과의 전쟁에서 송나라를 여러 차례 구해 냈다.
노자는 윤희를 만나 자신의 가르침을 전했고, 이것을 모은 책이 《도덕경》이다.
장자는 자신의 신하가 되어 달라는 초나라 왕의 제안을 거절했다.
맹자는 제나라 왕을 만나 어진 정치에 대해 이야기했다.
순자는 제나라 직하학궁에서 세 차례나 좨주가 되었다.
양주는 오랜 시간 이기주의자라는 오해를 받았다.
한비자는 진나라에 가서 진시황제를 만났으나 이사의 손에 죽고 말았다.
손자는 오나라 왕 합려의 장군이 되어 오나라의 전성기를 열었다.
오자는 여러 나라의 장군이 되어 76번 싸워 단 한 번도 지지 않았다.

제자백가의 주요 활동 시기

제자백가 생몰 연표 (기원전)

- 공자 — 551년(~479년)
- 묵자 — 480년경(~381년경)
- 오자 — 440년(~381년)
- 양주 — 440년경(~360년경)
- 맹자 — 372년경(~289년경)
- 장자 — 369년(~289년경)
- 순자 — 298년경(~238년경)
- 한비자 — 280년경(~233년)

춘추전국시대 주요 제후국 연표 (기원전)

- 주나라 — 1046년~771년
- 오나라 — ?~473년
- 월나라 — ?~334년
- 송나라 — ?~286년
- 노나라 — ?~256년
- 한韓나라 — ?~230년
- 조나라 — ?~228년
- 위魏나라 — ?~225년
- 초나라 — ?~223년
- 연나라 — ?~222년
- 제나라 — ?~221년
- 위衛나라 — ?~209년
- 진나라 — ?~206년
- 추나라 — ?~?

 차례

들어가며 왜 중국 철학을 알아야 할까? 4

제자백가란? 7
춘추전국시대 철학자들의 이동 경로 8
제자백가의 주요 활동 시기 9

1장 사람다운 사람이 되어라 _공자_ 14
주나라의 예법을 회복해야 한다 17
차별적인 사랑, 인 20
인의 가장 중요한 덕목은 효도 21
죄 지은 아버지를 고발해야 할까, 말아야 할까? 23
🗣 공자는 누구? 24

2장 차별 없이 사랑하라 _묵자_ 28
전쟁은 반드시 막아야 한다 31
차별 없는 사랑, 겸애 32
겸애는 실현할 수 없는 걸까? 34
21세기, 새로운 전쟁의 시대에 묵자를 떠올린다 36
🗣 묵자는 누구? 38
😀 더 깊이 생각해 보자 1 공자 vs 묵자 | 예술에 대한 생각의 차이 40

3장 부드러운 것이 강한 것이다 42

도는 물처럼 부드러우면서도 강한 것이다 44
자연의 이치대로 다스려라 46
부드러운 통치가 강한 통치다 48
노자, 긍정적으로 볼 것인가, 부정적으로 볼 것인가 49
노자의 눈으로 본질을 살피다 51

노자는 누구? 54

4장 서로 다름을 즐겨라  56

동물들은 미인을 싫어한다? 58
바닷새는 왜 죽었을까? 60
그 사람 입장에서 상대방을 이해한다는 것 63
서로의 다름을 이해하고 존중하라 64
소수는 다수에게 무시당해도 되는 걸까? 66

장자는 누구? 68

더 깊이 생각해 보자 2 노자 vs 장자 | 자연에 대한 생각의 차이 70

5장 사람의 본성은 선하다  72

어진 정치를 주장하다 75
인간의 본성은 선하다 76
선한 본성을 잃지 않으려면? 78
사마리아인은 태어날 때부터 착했을까? 81

맹자는 누구? 84

6장 사람의 본성은 악하다  86

사람은 악한 본성을 가지고 태어난다 88
악한 본성을 극복하라 90
순자가 성악설을 주장한 까닭 91
영화 〈밀양〉 이야기 94

- 순자는 누구? 96
- 더 깊이 생각해 보자 3 맹자 vs 순자 | 교육에 대한 생각의 차이 98

7장 자기 자신부터 사랑하라  100

털 한 올로 세상을 이롭게 할 수 있다면? 102
아무리 작은 것도 가벼이 여길 수 없다 104
양주는 이기주의자인가? 106
한 사람의 삶은 그 자체로 목적이어야 한다 109
서민이 있어야 나라도 있는 법 110

- 양주는 누구? 112
- 더 깊이 생각해 보자 4 묵자 vs 양주 | 사랑에 대한 생각의 차이 114

8장 강력한 통치자가 필요하다  116

군주의 조건은? 118
과거가 아닌 현재를 기준으로 삼아라 120
어떻게 다스려야 하나? 122
강력한 지도력이 필요한 까닭 124

- 한비자는 누구? 126
- 더 깊이 생각해 보자 5 공자, 묵자 vs 한비자 | 법에 대한 생각의 차이 128

9장 싸우지 않고 이긴다  130

왕의 후궁을 죽인 손자 132
싸우지 않고 이기는 것이 가장 좋다 135
전쟁의 시대에 걸맞은 인재 138
손자의 철학으로 거란을 물리친 서희 139

- 손자는 누구? 142

10장 목적을 위해서는 수단과 방법을 가리지 말라 144

가볍게 해야 하는 것 네 가지 146
병사의 고름을 빨아 준 오자 148
오자의 수단과 방법은 옳았을까? 150
옳은 목적을 위해서라면 수단도 바르게 152

- 오자는 누구? 154
- 더 깊이 생각해 보자 6 손자 vs 오자 | 복종에 대한 생각의 차이 156

참고 문헌 158

1 사람다운 사람이 되어라

공자

삼촌,

지난 토요일엔 고마웠어. 삼촌 덕분에 박물관 견학도 잘 하고 숙제도 잘 냈어. 작은 사건도 하나 있었지만 말이야.

그날 삼촌과 헤어지자마자 사고 발생! 건우와 함께 박물관 옆 공원에서 좀 더 놀았는데, 내가 발을 삐고 만 거야. 그래서 건우가 날 집까지 데려다 주기로 했어. 건우의 부축을 받으며 정류장까지 가서 겨우 버스에 올랐어. 다행히 딱 한 자리가 비어서 앉아 갈 수 있었지. 건우는 내 앞에 서고 말이야.

그런데 두세 정류장쯤 지났을까? 할머니 한 분이 버스에 올라탔어. 등산복을 입은 연세 많은 할머니를 본 순간, 나는 자리에서 벌떡 일어났지.

"할머니, 여기 앉으세요!"

할머니는 고맙다는 표정을 짓고는 자리에 앉으셨어. 그러고는 몇 정류장을 더 가서 우리는 버스에서 내렸지. 그런데 집까지 걸어가는 길에, 날 부축하던 건우가 대뜸 그래.

"다리도 아픈데 그냥 앉아 있지, 뭐하러 양보해?"

"할머니니까 그랬지."

"서 있는 내내 힘들어 했으면서. 할머니면 무조건 양보해야 해?"

그러고 보니 건우 말이 맞는 것 같았어. 생각해 보니 나 말고도 자리 비켜 줄 사람은 많았더라고. 그냥 앉아 있어도 양심의 가책 같은 건 느끼지 않아도 됐을 텐데 말이야. 난 왜 그랬을까? 왜 나도 모르게 일어나서 양보를 한 걸까?

서영이가

안 그래도 너희 아빠한테, 왜 아이들을 집까지 데려다 주지 않았느냐고 핀잔을 들었어. 충분히 너희들끼리 버스 타고 집까지 잘 갈 거라고 생각했는데 이런 일이! 나도 미안! 서영이가 다친 발로 고생했을 걸 생각하니 삼촌 마음도 아파. 그래도 덕분에 이런 궁금증이 생겼으니 이건 또 이것대로 보람이 있다, 하하.

그럼, 이제부터 왜 서영이가 버스에서 벌떡 일어나 자리를 양보하게 된 건지 생각해 볼까? 할머니는 산에도 혼자 씩씩하게 다니실 만큼 건강해 보이는 분이시고, 다리 불편한 서영이 말고도 버스 안에는 자리를 양보할 만한 어른들이 많이 있었어. 그런데도 서영이는 왜 '자동적으로' 자리를 양보하게 된 걸까? 발이 아파서 잠깐 서 있기도 불편한 서영이를 일어나게 만든 건 무엇일까?

이유는 이거야. 서영이의 머릿속에 공자가 들어와 "일어나라, 일어나!" 속삭였던 거지! 아무 소리도 못 들었다고? 삼촌 얘기를 잘 따라오다 보면 사실은 서영이가 공자의 목소리를 들었다는 걸 알게 될 거야.

공자, 하면 가장 먼저 뭐가 떠올라? 예수, 석가모니, 소크라테스와 함께 세계 4대 성인 중 한 사람? 수많은 명언을 남긴 사람? 《논어》? 그래, 그만큼 유명한 철학자가 바로 공자야.

공자는 "부모님께 효도하라. 웃어른을 공경하라……" 같은 당연하고 또 당연한 말들을 사람들에게 하곤 했어. 그 말들이 2천5백 년 동안 녹슬지도 않고 생명력을 그대로 지닌 채 우리 마음속 깊은 곳에 살

남아 있는 거야.

그래서 서영이는 발이 아픈데도, 얼굴도 모르는 공자 할아버지의 가르침을 따르고 만 거지.

공자의 철학은 어떻게 생겨난 걸까? 어떻게 우리 마음속 깊이 자리 잡게 된 걸까? 지금도 우리는 공자의 철학을 그대로 따라야 하는 걸까?

주나라의 예법을 회복해야 한다

공자는 춘추전국시대 사람이야. 앞에서 잠깐 설명한 것처럼, 춘추전국시대는 여러 제후국들의 경쟁으로 세상이 엄청 시끄러웠지. 젊은 공자는 혼란한 세상을 보면서 결심했어.

'이 어지러운 세상을 내가 바로잡아야겠다!'

참으로 큰 꿈이지?

그 꿈을 이루기 위해 가장 먼저 한 일은 학교를 세우는 거였어. 어지러운 세상을 바로잡으려면 좋은 인재를 많이 길러 내는 게 가장 중요하다고 생각했거든. 나이 서른 살, 공자는 그렇게 직접 세상에 뛰어들었단다.

공자는 제자들과 함께 학문을 연구하며 자기만의 철학을 만들어 갔어. 공자의 철학은 《논어》라는 책을 통해 지금까지 우리에게 전해지고 있단다.

공자의 철학 중에서 가장 중요한 두 가지는 바로 '예禮'와 '인仁'이야.

먼저, '예'란 무엇인지부터 살펴볼까? 예는 흔

> **논어** 공자의 가르침을 담은 책이야. 공자와 제자들이 나눈 대화 형식으로 되어 있지. 공자가 직접 쓴 것이 아니라 공자가 죽은 후 제자들이 만들었어. 《맹자》, 《대학》, 《중용》과 함께 유가 사상을 대표하는 4대 경전 가운데 하나란다.

히 '예절', '예의'를 뜻해. 그런데 공자가 말한 '예'는 우리가 생각하는 것과 달라. 바로 '주나라의 예법'을 뜻한단다. '주나라의 예법'이라니, 이건 또 무슨 소리일까?

'주나라의 예법'의 핵심은 쉽게 말해서, 모든 사람이 자기 신분에 맞게 행동해야 한다는 거야. 왕은 왕답게, 제후는 제후답게, 대부는 대부답게, 일반 백성은 일반 백성답게 행동하는 걸 말하지. 그때는 지금과 같은 평등 사회가 아니라 차별이 있는 신분 사회였기 때문에 이런 예법이 있었던 거지.

주나라 초기에는 사람들이 각자 신분에 맞게 행동하며 예법을 잘 지켰어. 그런데 시간이 지날수록 제후들이 주나라 왕을 무시하기 시작했고, 스스로 왕이 되려고 했어. 그러니 제후 아래 신분이었던 사람들이라고 가만히 있었겠니? 대부들도 제후가 되겠다고 들썩들썩할 밖에.

> **대부** 제후보다 한 계단 밑에 있던 사람이야. 제후를 보좌해 조정을 이끌었지. 그런데 세월이 흐르면서 제후가 스스로 왕이 되자 대부도 제후 자리를 노렸고, 그 바람에 신분 질서가 더욱 혼란해졌어.

공자는 무너진 신분 질서를 한탄하며, 주나라의 예법을 회복해야 한다고 주장했어. 그래야만 혼란한 춘추전국시대를 끝내고, 평화로웠던 주나라 초기로 되돌아갈 수 있다고 생각했지.

공자는 늘 입버릇처럼 이렇게 말했단다.
"예가 아니면 보지도, 듣지도, 말하지도, 행하지도 말라!"

주나라의 예법을 잘 따라야 한다는 말이었지. 그러나 세상은 공자가 바라는 대로 되지 않았어. 제후와 대부들은 주나라의 예법을 따르려 하지 않았거든. 자기의 현재 신분에 만족하지 못했으니

춤추는 것도 예법에 따라야 한다!

공자가 주나라의 예법을 얼마나 중요하게 생각했는지 잘 보여 주는 이야기가 하나 있어.

노나라의 대부 중에 계씨 가문 사람이 있었어. 계씨네 집안 제삿날에 생긴 일이야. 지금 기준으로는 이상하지만 그때는 제사를 지낼 때 춤을 춰야 했어. 그것도 당시의 예법이었대. 계씨는 가로와 세로 각 여덟 줄씩, 모두 예순네 명을 모아서 춤을 추게 했어. 그런데 이 소식을 들은 공자는 한숨을 쉬며 이렇게 말했어.

"대부 주제에 예순네 명이 춤을 추게 하다니, 앞으로 무슨 짓이든 할 자로구나!"

주나라의 예법에는 제사 때 춤 추는 사람 수도 정해져 있었어. 왕이 제사를 지낼 때는 예순네 명에게 춤을 추게 하고, 제후는 서른여섯 명, 대부는 열여섯 명에게 춤을 추게 할 수 있었지. 그런데 계씨가 감히 '대부 주제에' 왕만이 할 수 있는 예순네 명에게 춤을 추게 했던 거야.

우리나라 조선시대에도 신분에 따라 차별을 두는 제도가 있었어. 옷에 금색을 쓰는 것은 왕이 아니면 안 된다든가, 보통 선비의 집은 열 칸 내로 집을 지어야 하고, 누각은 두 칸 정도로 해야 한다든가, 아무리 대갓집이라도 아흔아홉 칸을 넘어서는 안 된다고 했지. 주나라에서는 제사 때 추는 춤으로 신분 질서를 튼튼하게 하려던 거였어.

지금 생각해 보면 예순네 명이 추든 서른여섯 명이 추든 그게 뭐가 그렇게 중요할까 싶어. 그러나 공자에겐 그렇지 않았던 것 같아. 이렇게 기본적인 규범도 지켜지지 않는데, 신분 질서가 어떻게 유지될까 걱정스러웠던 거지.

까. 제후는 왕이 되고 싶고 대부는 제후가 되고 싶은 마음뿐인데, 고리타분한 주나라의 예법을 지키고 싶었겠어?

차별적인 사랑, 인

공자는 자기 말이 잘 통하지 않자, 이번에는 '극기복례克己復禮'를 주장했어. 극기복례란 자기가 하고 싶은 대로 하지 않고, 욕심을 참고 줄여 예에 맞게 행동하는 걸 말해. 그리고 이렇게 극기복례할 수 있는 사람이 바로 '인仁한 사람'이라고 했어. 그래서 공자는 이렇게 말했지.

"인한 사람이 되고 싶지 않나요? 그러려면 극기복례하시오!"

공자가 '예'만큼이나 강조한 것이 바로 '인'이야.

그럼, '인仁'이란 무엇일까? 인仁이라는 한자는 亻과 二, 둘로 나눌 수 있어. 亻은 '사람 인人'과 같은 말이고, 二는 둘이라는 뜻이야. 그러니까 '인仁'은 두 사람 사이의 관계, 더 넓게 이야기하면 사람과 사람이 서로 지켜야 할 도리, 즉 '사람다움'이라고 할 수가 있지.

공자는 예를 잘 실천하는 사람이야말로 사람다운 사람이라고 생각했어. 사람들에게 자꾸 "당신은 참으로 사람다운 사람"이라고 칭찬을 해 주면 사람들이 예를 더 열심히 지킬 거라고도 생각했고.

공자가 '사람다움'을 강조하니까, 어떤 제자가 물었어.

"사람다움이란 도대체 어떤 건가요?"

그러자 공자가 대답했어.

"다른 사람을 사랑하는 거란다."

그러니까 공자의 말은 곧, '남을 사랑하는 것'이야말로 '인'이라는 뜻이지.

먼 옛날 철학자의 입에서 나온 '사랑'이라는 말이 좀 뜬금없지는 않니? 나름 낭만적인 사람이었던 모양이라고? 그러나 공자가 말한 '사랑'이란 우리가 생각하는 '사랑'하고는 좀 다르단다.

오늘날 '사랑'이라는 말은 보편적인 가치를 지니는 말이야. 아무런 조건 없이 누구든 사랑할 수 있고, 사랑받을 수 있지. 또 사랑은 평등한 거야. 사랑 앞에서는 지위와 신분도 장벽이 될 수 없어.

그러나 공자가 말한 사랑은 보편적이지 않아. 평등하지도 않지. 공자는 지위와 신분에 맞게 행동하는 것이 '인'이고 사랑이라고 생각했어.

"왕, 제후, 대부가 각자 자신의 신분에 맞게 행동하고 서로 예로써 대하는 것이 인이다."

"신하는 군주에게 충성하고, 군주는 신하에게 믿음을 주는 것이 바로 사랑이다."

인의 가장 중요한 덕목은 효도

공자는 '인'을 실천하는 출발점을 가족이라고 생각했어. 가족 안에서 인이 실현되어야 친구 사이에도, 학교에서도, 마을에서도 인이 실현되어 온 나라로 퍼질 거라고 확신했지.

가족 안에서 인을 실현하는 방법은 무엇일까? 공자는 부모와 자식 사이를 가장 중요하게 생각했고, 효도를 가장 강조했단다. 이런 공자의 생각을 엿볼 수 있는 이야기 하나 들려줄게.

공자가 여러 제후국을 떠도는 중에 어떤 군주를 만나게 됐지. 그 군주가 공자한테 이런 자랑을 하는 거야.
"얼마 전에 어떤 사람이 양을 도둑맞았소. 도둑을 찾지 못해 애를 먹고 있는데 누군가 찾아와 도둑을 안다며 고발을 하지 않겠소? 바로 제 아비가 양을 훔쳤다는 거요. 어떻소? 참 훌륭한 일 아니오?"
그러나 공자는 군주의 말에 발끈했어.
"훌륭하다니요? 자식 된 자라면 아버지의 죄를 덮어 주고 숨겨 주었어야지요."
공자는 법보다는 효도, 즉 인이 더 중요하다고 생각했던 거야.

공자는 부모에 대한 효도가 가장 중요한 인의 덕목이라는 생각에서 한 걸음 더 나아갔어. 부모에게 효도하는 마음으로 이웃 어른을 공경하는 것 역시 효도 못지않게 중요한 인의 덕목이라고 생각했단다. 이렇게 인의 범위를 넓혀야 인이 온 세상에 널리 퍼지지 않겠어?

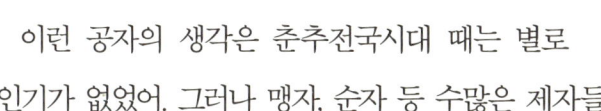

이런 공자의 생각은 춘추전국시대 때는 별로 인기가 없었어. 그러나 맹자, 순자 등 수많은 제자들에게 계승되어 '유가 사상'이라고 불리며 발전을 거듭했단다. 유가 사상은 공자가 죽고 3백여 년이 지난 무렵 드디어 중국의 통치 이념이 되었고, 이후 2천 년이 넘게 사람들 사이에서 큰 힘을 발휘했어. 게다가 한국과 일본, 베트남 같은 동아시아 여러 나라에도 널리 퍼졌지.

그래서 21세기 한국에 살고 있는 서영이의 마음속에 '노인을 공경해야 해! 그러니까 할머니께 자리를 양보해야지.' 하는 생각이 '자동적으로' 떠오르게 된 거란다. 발이 몹시 아팠는데도 말이야. 그런 서영이를 공자가 보았다면, 아주 기특해했을 거야.

 ### 죄 지은 아버지를 고발해야 할까, 말아야 할까?

서영이는 버스에서 만난 노인을 '할머니'라고 불렀어. 아빠 친구인 나는

'삼촌'이라고 부르고. 엄마 친구들 중에 네가 '이모'라고 부르는 분도 있겠지? 서영이가 학교에서 만나는 선배들 중에 '언니'나 '오빠'라고 부르는 이들도 많을 거야. 서영이와 피로 맺어진 진짜 할머니도 아니고, 진짜 삼촌, 진짜 이모, 진짜 언니, 오빠도 아닌 사람들을 우리는 왜 그렇게 부르는 걸까?

내 생각에는 공자의 철학이 우리 몸속에 배어 있기 때문인 것 같아. 공자는 집 밖에서 만나는 사람들도 가족처럼 사랑하고 공경하라고 가르쳤으니까 말이야. 그런 마음을 갖고 살다 보니, 그런 호칭도 자연스러워진 것이 아닐까? 공자의 철학대로 집 밖에서 만나는 사람들과도 가족이나 친척처럼 가까이 지내면 우리 사회가 더 밝아질 것 같구나.

그러나 공자의 철학 속에는 좀더 생각해 보아야 할 문제가 남아 있어. 아버지가 양을 훔쳤다고 고발한 아들을 생각해 보자꾸나. 공자의 말이 반드

시 옳다고 보아야 할까? 서영이라면 어떻게 했을 것 같아? 양을 훔친 행동은 잘못이니까 아무리 아버지라 해도 고발했을까? 아니면 아무리 큰 잘못을 했어도 아버지니까 숨겨 주었을까?

문제는 이걸로 끝나지 않아. 만약에 양을 훔친 사람이 아버지가 아니라 이웃집 아저씨나 친한 삼촌, 선생님, 혹은 친구였다면 또 어땠을까? 아버지는 고발해서는 안 되지만 다른 사람들은 훔쳤다고 고발하는 게 맞을까? 아니면 그들 역시 숨겨 주는 게 맞을까? 만약 친한 사람들이 지은 죄를 모두 숨겨 준다면 이 세상은 어떻게 될까? 어때? 생각해 볼 문제가 한두 가지가 아니지?

그럼, 어떻게 해야 하냐고? 세상 사람들을 가족처럼 따뜻한 마음으로 대하면서도, 동시에 올바른 것과 그른 것을 잘 구별할 줄 아는 지혜가 필요할 것 같아.

공자는 누구?

공자는 기원전 551년 중국 노나라에서 태어났어. "너 자신을 알라!"던 그리스의 철학자 소크라테스보다 80년쯤 앞서 태어났지.

공자의 원래 이름은 '구丘'야. 태어났을 때 머리 모양이 언덕처럼 생겨서 '언덕 구丘' 자를 이름으로 썼다는구나. 그때는 생긴 모양새를 보고 이름을 짓는 일이 많았대. 그러니까 성이 '공'이고 이름은 '구', '공구'였던 것이지. 그런데 옛날 중국에서는 존경하는 선생님을 높여 부를 때 성에다 '자子'를 붙이는 관습이 있었어. 그래서 나중에 '공자'라고 불리게 된 거야.

공자는 젊은 시절 양식 창고를 관리하기도 하고, 가축을 돌보기도 했어. 그러다가 서른 살이 되자 학교를 세워 제자들을 가르치기 시작했지. 공자의 학교는 인기가 꽤 많았나 봐. 제자가 3천 명이 넘을 정도였대. 교육 수준도 높았던지 노나라 대부가 자기 자식을 보내 가르쳐 달라고 할 정도였다는구나.

공자는 서른다섯 살 때 제자들을 이끌고 노나라를 떠나 여러 제후국을 떠돌기 시작했어. 앞에서 얘기한 노나라 대부 계씨의 예순네 명 춤 사건 때 실망했기 때문이야.

공자는 제후국 군주들을 만나서 혼란한 세상을 평화롭게 만들 방법에 대해 이야기했어. 말이 잘 통하면 군주의 신하가 되어 자신의 뜻을 펼치려 했지. 그러나 끝내 그런 군주를 만나지 못했어. 그러니 노나라로 돌아올 밖에. 돌아와서는 '대사구'라는 벼슬을 받았어. 지금으로 치면 법무부 장관쯤 되는 자리야. 드디어 뜻을 제대로 펼 수 있게 된 거지.

그러나 공자는 노나라에 다시 한 번 실망하게 된단다. 노나라의 힘이 커지자, 노나라와 붙어 있는 제나라에서 예쁜 여자들을 왕에게 선물로 보냈어. 그러자 노나라 왕이 여자들에 빠져 나랏일을 게을리하는 거야. 그걸 본 공자는 벼슬을 그만두고 두 번째 긴 여행을 떠난단다.

공자는 두 번째 여행에서도 별 성과를 거두지 못했어. 결국 예순여덟 살에 고향으로 돌아와 제자를 기르고 글을 쓰면서 남은 생을 보내다가 기원전 479년에 세상을 떠났단다.

그러나 공자가 남긴 철학은 2천5백 년이 지난 오늘날까지도 중국을 비롯한 동아시아 여러 나라에 큰 영향력을 발휘하고 있단다.

삼촌,
우리 반에 영철이란 애가 있는데, 흔히 말하는
왕따야. 영철이는 짓궂은 아이들이 발을 걸어
넘어져도, 교과서를 숨겨도, 생긴 걸로 비웃어도
아무 항의도 안 해. 그런 영철이와 아무도 친하게 지내려고 하지 않아.
그래도 대놓고 영철이를 마구 때리거나 하는 애는 없었어. 그저 장난만 치는
정도였는데, 오늘은 좀 달랐어. 우리 반 '싸움짱' 명수가 영철이를 마구 때린
거야. 2교시 수업이 끝나고 쉬는 시간이었어. 명수가 영철이 책상으로 가더니
그래.
"야! 돈 좀 있음 꿔 주라."
영철이는 바짝 쫄아서 작은 목소리로 말했지.
"돈, 없, 없는데……. 저, 저번에 꿔 간 돈도 안 갚았잖아."
그러자 명수가 불같이 화를 내더니 주먹으로 영철이의 머리를 내려치기
시작했어. 시끌벅적하던 반 전체가 순간 조용해졌고, 모두들 영철이를 때리는
명수를 보기만 했지. 그냥 보고 있을 수가 없어서 나도 모르게 다가가려 했어.
그런데 옆에 있던 친구가 비웃듯이 내게 속삭이는 거야.
"도덕군자 나셨네! 너도 맞고 싶냐?"
결국 나는 명수를 말리질 못했어. 말 한마디에 그냥 멈춘 거지. 그러고는 하루
종일 기분이 안 좋았어. 딱히 잘못한 것도 없는데 창피한 이 기분, 이거 뭐지?
　　　　　　　삼촌, 뭐가 잘못된 거야?

　　　　건우가

건우야, 정말 '딱히 잘못한 것도 없는데' 창피하다고 생각하는 거야? 건우도 마음으로는 이미 알고 있어. 건우와 반 친구들 모두 잘못을 저질렀다는 걸 말이야. 때린 명수는 물론이고 손놓고 구경하던 아이들 모두 똑같은 가해자일지도 몰라. 그걸 아니까 건우 마음도 불편한 거야.

그럼, 이제부터 '창피하다'는 기분이 어디에서 왔는지 볼까? 힘없는 영철이가 일방적으로 맞는 걸 보고 건우는 도와주고 싶은 생각이 들었어. 그런데 돕고 싶은 마음 한켠에는 '괜히 나섰다가 나까지 명수한테 찍히는 거 아닐까?' 하는 걱정도 있었을 거야. 그러다 친구가 옆에서 말리니 '휴, 다행이다' 싶기도 했을걸? 그런데 시간이 지나고 보니 그랬던 건우 마음이 환하게 되살아나서 부끄러워진 거고.

지나간 일은 어쩔 수 없다고 해도, 이제부터가 문제야. 앞으로도 건우 반 아이들 그 누구도 영철이를 돕지 않는다면 어떻게 될까? 견디다 못한 영철이가 전학이라도 가면 명수는 또 금방 새로운 희생양을 찾을 거야. 아이들은 '나만 아니면 돼!' 하면서 안심하겠지. 그러다 그 아이까지 또 전학을 간다면? 자기 차례가 올 때까지 무관심했던 아이들은 정작 자기 차례가 되었을 때는 아무도 도와주지 않는다며 원망할 테지. 영철이의 문제는 영철이 한 사람의 문제가 아니야. 영철이나 건우, 명수 같은 한 사람 한 사람이 모여 세상이 되는 거니까.

중국 철학자 중에도 비슷한 문제로 고민한 사람이 있어. 바로 묵자라는 사람이야. 묵자는 지금 세상에서는 흔히 보기 힘든 사람이지. 만약 묵자가 건우네 반 학생이었다면 누가 말리거나 말거나, 명수한테 맞거나 말거나 틀림없이 영철이를 도왔을 거야. 그럼, 이제부터 묵자가 어떤 사람이었는지 알아볼까?

 ## 전쟁은 반드시 막아야 한다

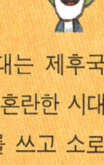

농업과 수공업이 발달한 춘추전국시대 춘추전국시대는 제후국 사이에 전쟁이 끊이지 않은 혼란한 시대였어. 그러나 철제 농기구를 쓰고 소로 토지를 갈게 되면서 농업 생산력이 발달하고, 그것이 수공업의 발달로 이어진 시대이기도 해. 그래서 이 시대에는 농업과 수공업 기술이 뛰어난 사람이 인정을 받았지. 묵자도 그런 사람이었단다.

묵자는 공자가 죽을 무렵에 송나라에서 태어났어. 농업과 수공업 분야의 기술자였지. 요즘으로 치면 뛰어난 과학자였던 셈이야.

묵자는 자신의 뛰어난 기술을 전파하며 인기를 끌었어. 수많은 사람들이 새로운 기술을 배우기 위해 묵자를 찾아왔지. 공자가 만든 학교에 학생들이 몰려든 것처럼 말이야. 묵자는 제자들에게 농업과 수공업 기술을 가르쳐 주었어.

그러나 묵자는 이런 삶이 만족스럽지 않았어. 뛰어난 기술로 새로운 것을 많이 만들기만 하면 뭐 해? 걸핏하면 전쟁이 일어나 애써 이룬 것이 다 무너지고 사람들은 죽어 나가는데, 기술이 다 무슨 소용인가? 이런 생각에 빠지게 돼.

묵자는 전쟁이 백성들을 얼마나 고통스럽게 하는지 늘 몸으로 느낄 수 있었어. 묵자가 살았던 송나라는 여러 제후국 중에서도 특히 힘이 약해서 강한 제후국들의 침략을 많이 받았거든. 결국 묵자는 이런 결심을 하게 되었단다.

'그동안 익힌 기술을 전쟁으로 고통 받는 사람들을 위해 써야겠다!'

묵자는 제자들과 함께 무기를 만들고 전술을 익혔어. 그리고 여러 제후국을 떠돌며 전쟁에 직접 참여하기 시작했지. 그럴 때 묵자에게는 중요한 원칙이 한 가지 있었어. 침략받은 나라를 도와줄 뿐, 침략하는 나라는 절대 도와주지 않겠다! 더 나아가서는 전쟁이 일어난 뒤에 돕는 것보다 전쟁이 일어나지 않도록 미리 막는 것을 훨씬 더 중요하게 생각했단다.

차별 없는 사랑, 겸애

제자들과 함께 수많은 전쟁터를 돌아다니며 묵자는 무슨 생각을 했을까? 묵자가 제자와 나눈 이야기를 통해 짐작해 보자꾸나. 어느 날 제자가 물었어.

"스승님, 세상은 왜 이렇게 어지러워진 걸까요?"

묵자가 말했지.

"서로 사랑하지 않기 때문이다. 자식이 자신만 사랑하고 아버지를 사랑하지 않고, 신하가 자신만 사랑하고 임금을 사랑하지 않고, 동생이 자기만 사랑하고 형을 사랑하지 않으니까! 또 자기 가족은 사랑하면서 다른 가족은 사랑하지 않고, 자기 나라는 사랑하면서 남의 나라를 사랑하지 않으니까!"

제자가 다시 물었어.

"스승님, 그렇다면 어찌 해야 어지러운 세상을 바로잡을 수 있습니까?"

지혜로 전쟁을 막은 묵자

어느 날 초나라 왕이 송나라를 공격하기로 결심했어. 가장 먼저 무기 기술자인 공수반을 불러, 성을 공격할 때 사용하는 구름사다리를 만들라고 명령했지. 구름사다리가 완성되자, 초나라 왕은 송나라를 공격할 날짜를 꼽기 시작했어. 이 소식을 들은 묵자는 전쟁을 막아야겠다고 결심하고는 공수반을 찾아갔지. 공수반을 만난 묵자는 대뜸 그래.

"공수반 선생! 이 묵자를 무시하는 자가 있습니다. 원컨대 선생이 그자를 죽여 주십시오. 돈은 섭섭지 않게 드리겠습니다."

그러자 공수반이 대답했어.

"사람을 잘못 찾아오셨군요. 나는 의로운 사람이라 다른 사람을 죽이는 일은 하지 않습니다."

공수반이 말을 마치자 묵자는 기다렸다는 듯이 말했지.

"선생께서는 송나라를 공격하려는 초나라를 위해 구름사다리를 만드셨습니다. 초나라가 그 구름사다리로 송나라를 공격하면, 죄 없는 송나라 사람들이 많이 죽을 것입니다. 조금 전 선생은 스스로 의로운 사람이라 하셨지요? 그래서 다른 사람은 죽이지 않는다고 하셨고요. 그런 분이 어찌하여 송나라 백성들을 죽이려 하십니까?"

그러자 공수반은 부끄러워하며 고개를 숙였어.

결국 묵자는 초나라의 공격을 막을 수 있었단다.

"천하가 모두 서로 사랑한다면 제후국들이 서로 침략하지 않을 것이다. 다른 집안끼리도 서로 싸우지 않을 것이고, 도둑과 강도도 없어지겠지."

묵자는 세상이 어지러워진 까닭이 사람들이 사랑에 차별을 두기 때문이라고 생각했어. 자신만 사랑하고, 자기 가족만 사랑하고, 자기 나라만 사랑하니까 세상이 혼란스러워져서 모든 사람들이 다 불행에 빠진 거라고 생각했지. 묵자는 개인도 행복해지고 사회도 안정되려면 차별 없는 사랑, 즉 '겸애'가 있어야 한다고 주장했단다.

차별 없이 사랑한다! 어때? 정말 멋지지 않니? 멋지긴 한데, 한편으론 과연 그럴 수 있을까, 싶기도 해. 차별 없이 사랑하는 것이 정말 가능하긴 한 걸까? 남을 나처럼, 다른 가족을 내 가족처럼, 다른 나라를 내 나라처럼 똑같이 사랑할 수 있을까? 묵자의 말은 듣기에는 그럴듯해도, 실현하기는 불가능한 주장은 아닐까?

 겸애는 실현할 수 없는 걸까?

묵자도 이 점이 걱정스러웠나 봐. 사람들이 겸애를 실천하게 하려면 무언가 강력한 힘이 필요하다고 생각했지. 묵자는 똑똑한 군주가 있어야 한다고 생각했어. 사람들은 저마다 생각하는 기준이 다르니까 똑똑한 군주가 겸애의 바른 기준을 세워 널리 알리면 겸애가 사회 전체에 퍼질 거라고 믿었던 거야.

건우 생각은 어때? 삼촌은 묵자 생각이 좀 걱정스러워. 똑똑한 군주가 나오는 게 어디 쉬운 일이야? 그 시절 군주는 지금처럼 투표로 뽑는 것도 아니고, 할아버지에서 아버지로, 아버지에서 아들로 이어지는 자리였으니까 말이야. 운이 좋아서 똑똑한 사람이 군주가 되었다고 쳐. 그래도 모든 사람들이 겸애를 실천하게 만드는 건 여간 어려운 일이 아니었을 것 같아. 이런 문제에 부딪히자 묵자는 결국 겸애는 하늘의 뜻이라고 선언했단다.

똑똑한 군주?

"겸애를 실천하면 하늘이 상을 내릴 것이다. 그러나 실천하지 않으면 벌을 내릴 것이다."

묵자도 참, 사람들에게 겸애를 실천하라고 설득하기가 정말 어려웠나 봐. 똑똑한 군주로 안 되니까 하늘까지 끌어들이고 말이지.

결국 묵자가 꿈꾸던 세상은 실현될 수 없었어. 더욱이 겸애가 가득한 세상을 만들려면 원래의 세상을 확 뒤집어야 하는데, 그러기 위해서는 어떻게 해야 할까? 결국 전쟁을 할 수밖에 없어. 그러나 그건 전쟁을 싫어하는 묵자로서는 상상도 할 수 없는 일이었지.

게다가 사람들이 가지고 있는 이기심도 없애야 하는데, 그것도 쉽지 않은 일이었어. 결국 묵자가 주장한 겸애의 철학은 제후국 군주들에게 받아들여지지 않았고, 춘추전국시대가 끝날 무렵 사라지고 말았단다.

 ## 21세기, 새로운 전쟁의 시대에 묵자를 떠올린다

건우야, 명수와 영철이 사이에 있었던 일은 학교에서만 있는 게 아니야. 가족이나 직장은 물론이고, 사회 전체에서도 늘 벌어지는 일이지. 심지어는 나라와 나라 사이에서도 종종 발생한단다.

건우도 뉴스에서 팔레스타인과 이스라엘의 전쟁 소식을 들은 적 있을 거야. 가자 지구가 또 공격당했다는 뉴스는 잊을 만하면 한 번씩 들려오곤 해. 그동안 이스라엘은 팔레스타인 사람들이 살고 있는 가자 지구를 수없이 공격했어. 가자 지구가 이스라엘을 공격하는 팔레스타인 무장 단체 '하마스'의 거점이라는 이유로 말이야. 그러나 가자 지구 공습은 '하마스' 조직원뿐만 아니라 죄 없는 많은 사람들까지 죽이고 있어. 그중에는 건우 같은 어린이도 적지 않지. 그런데도 다른 나라들은 이스라엘의 가자 지구 공습을 지켜만 보고 있어. 유엔은 형식적인 조치를 취할 뿐이고, 오히려 미국처럼 이스라엘의 공격을 두둔하는 나라도 있지. 우리나라도 눈감고 있기는 마찬가지야.

앞으로도 이스라엘의 공습이 계속된다면 어떻게 될까? 무고한 사람들을 죽이는 공격을 막지 않으면 세계는 어떻게 될까? 강대국이 약소국을 짓밟아도 힘이 약하니 어쩔 수 없다고 생각하는 사람들이 점점 많아질 거야. 그러면 이스라엘의 가자 지구 공습과 같은 일이 점점 더 많아지고, 더 많은 무고한 사람들이 죽음으로 내몰리게 되지 않을까?

세계 여러 나라 사람들이 묵자를 떠올려 보면 좋겠어. 내 나라 사람이 소중하듯, 다른 나라 사람들의 목숨도 귀하게 여겨야 한다는 겸애의 철학을 말이야.

건우야, 만약 다음에도 영철이가 똑같은 고통을 겪는 걸 본다면 그땐 어떻게 할 거야? 묵자가 말한 것처럼, '차별 없이 사랑하는' 마음으로 영철이 편에 서 줄 수 있겠어? 삼촌은 그렇게 믿고 싶구나.

묵자는 누구?

묵자는 기원전 480년경 송나라에서 태어났어. 묵자의 원래 이름은 '묵적'인데, 공자처럼 선생님 대우를 받아서 나중에 묵자라고 불리게 되었단다.

그런데 묵자의 진짜 성이 '묵'이 아니었다는 주장도 있어. 묵형을 받아서 '묵'씨로 불리게 되었다는 이야기도 있고, 피부가 검어서 검다는 뜻의 '묵'을 성으로 사용했다는 이야기도 있지.

> **묵형** 죄인의 이마나 팔뚝 따위에 먹줄로 죄명을 써 넣던 형벌. 지워지지 않는 일종의 문신이라고 생각하면 돼.

묵자와 그의 제자들이 만든 집단은 규율이 무척 엄격했어. 삶과 죽음이 오가는 전쟁을 자주 치러야 했기 때문에, 규율이 엄격하지 않으면 집단을 유지할 수 없었지.

묵자의 제자 중에 복돈이라는 사람이 있었는데, 어느 날 복돈의 아들이 살인을 저질렀어. 왕은 복돈이 나이가 많고 다른 자식도 없다는 걸 알고 눈감아 주려고 했지. 그러나 복돈은 "사람을 죽이거나 상하게 하는 일은 있어서는 안 되는 일입니다. 묵자의 규율을 따라야 합니다." 말하고는 단호히 자기 아들을 처형해 버렸어.

　묵자는 또 제후국들끼리 전쟁이 벌어지면 침략당한 제후국의 편에 서서 여러 차례 도와주었어. 두 나라 사이에 전쟁이 일어날라치면 끼어들어 전쟁을 막는 역할도 했지. 그러나 묵자가 아무리 발벗고 뛰어다녀도 모든 전쟁을 막을 수는 없었어. 작은 제후국들이 사라지고 강한 제후국들만 살아남자, 묵자의 말을 듣는 제후는 거의 없게 되었단다.

　결국 묵자는 뜻을 이루지 못한 채 기원전 381년경 세상을 떠나고 말아. 그러나 묵자의 시대로부터 2천여 년이 지난 오늘날, 묵자의 사상은 다시 사람들의 관심을 끌고 있어. 묵자의 겸애 사상은 지금도 여전히 실현하기 어려운 사상이기는 하지만, '차별 없음'을 중요하게 여기는 민주주의 사상과 맞는 부분이 많기 때문이란다.

더 깊이
생각해 보자
1

예술에 대한
생각의 차이

공자　VS　묵자

　공자와 묵자는 둘 다 '사士' 계층이야. 춘추전국시대의 지배층에는 서열 순서대로 왕, 제후, 대부, 그리고 '사' 계층이 있었지. 그러니까 공자와 묵자 둘 다 지배층이었던 거지. 물론 지배층 중에서 가장 낮은 신분이긴 했지만 말이야.
　'사' 계층은 시간이 지나면서 점점 두 개로 갈라졌어. 자기 신분을 계속 유지한 '상층 사'와 경제력을 잃고 평민처럼 되어 버린 '하층 사'로 말이야. 공자는 상층 사였고, 묵자는 하층 사였어. 그래서 같은 고민을 하더라도, 공자는 지배층의 입장에서, 묵자는 서민의 입장에서 생각하는 경향이 강했단다. 그런 두 사람의 차이는 '악樂'에 대한 생각을 통해서도 느낄 수 있어.
　'악' 하면 가장 먼저 음악이 떠올라. 그런데 춘추전국시대의 '악'은 음악뿐 아니라 문학, 미술, 춤 등 예술 전체를 뜻했어. 공자는 '악', 즉 예술을 무척 중요하게 여겼단다. 예술은 사람의 마음을 조화롭게 해 주어 예를 회복하고 인을 실현하는 데 도움을 준다고 생각했기 때문이야.
　그러나 묵자는 공자가 중요하게 여긴 '악'에 대해 조목조목 비판했어. 예술은 옛날이나 지금이나 우리에게 무척 소중한 것인데, 묵자는 왜 비판을 한 것일까?

"큰 종을 치고, 북을 두드리며, 거문고와 비파를 타고, 춤을 추면서 백성들이 입고 먹을 수 있게 할 수 있는가? 아니, 그럴 수 없다!"

묵자가 보기에 '악'은 오로지 지배층을 위한 것이었어. 여유로운 사람들만 누릴 수 있는 특권일 뿐이었지. 오히려 '악'이 백성들의 삶을 고통으로 몰아넣는다고까지 생각했어.

"지금 백성들은 헐벗고 굶주렸다. 제대로 먹지도 입지도 못하며, 하루 종일 일에 매달리고도 쉴 시간이 없다. 그런데도 너희 지배층은 오히려 예술을 한답시고 백성들을 동원하여 사치를 일삼고 있으니 말이 되는가? 악은 비난받아 마땅하다."

백성들은 죽어 가고 있는데, 나라를 다스리는 지배층이라는 자들이 놀 궁리만 하고 있다니! 묵자의 말이 맞는 것 같구나.

그렇다고 악을 무조건 나쁘다고 하는 건 좀 심한 것 같아. 악은 지배층뿐 아니라 서민도 즐길 수 있는 거니까. 값비싼 오케스트라, 뮤지컬 공연은 아니더라도, 집에서 음악 듣는 것 정도야 누구나 할 수 있지 않겠어?

공자는 묵자가 태어날 무렵에 죽었으니, 묵자의 말에 변명을 할 기회가 없었어. 그 대신 공자의 제자 맹자가 그럴싸한 대안을 내놓았어.

"백성과 함께 즐긴다(여민동락與民同樂)!"

맹자의 이 말을 묵자의 생각과 합치면 이렇게 말할 수 있을 것 같아.

"악을 즐기는 건 좋다. 다만 지배층만 즐기지 말고, 백성들도 악을 즐길 수 있도록 그들의 삶을 편안하게 해 주어야 한다."

3 부드러운 것이 강한 것이다

노자

삼촌,
어제 점심시간에 있었던 일이야. 밥 먹고 난 뒤라 애들 절반쯤은 밖에 나가 놀고 있었고, 절반쯤은 교실을 이리저리 뛰어다녔지. 그때 반장이 앞으로 나왔어.
"얘들아, 잠깐만! 다음 주 수요일이 스승의날이잖아. 선생님한테 무슨 선물해 드릴지 정해야 해."
그러자 귀찮다는 얼굴로 기철이가 그랬어.
"그냥 반장이 알아서 사면 안 돼?"
그랬더니 기다렸다는 듯이 반장이 그래.

"좋아! 선물은 내가 알아서 살 테니까 다들 2천 원씩 내!"
애들은 대충 고개를 끄덕였지만 난 이건 아니다 싶은 거야. 무관심한 애들한테도 화가 났고, 편한 대로만 하려는 반장한테도 화가 났어.
"반장! 모두가 같이 하는 선물인데, 너 혼자 맘대로 정하면 어떻게 해?"
"상의하려면 시간도 오래 걸리고 복잡하잖아. 그냥 내가 정하는 게 낫지."
그러자 기철이가 또 끼어들었어.
"그래, 귀찮아. 그냥 반장이 알아서 하라고 해!"
그러자 여기저기서 비슷한 목소리가 터져 나왔어.
"맞아, 놀 시간도 없는데 점심시간 낭비하지 말자!"
　　　　결국 선물은 반장이 알아서 사기로 했어.
　　　　삼촌, 솔직히 반장이 알아서 하고 돈만 내는 게 쉽기는 해. 그런데도 왜 내 마음은 이렇게 불편할까?

　　　　서영이가

서영이 마음이 불편한 건 당연한 거야. 스승의날 선물은 반 친구들 모두가 선생님께 드리는 거니까, 모두 상의해서 정해야 옳지. 그런데 친구들도, 반장도 편한 대로만 결정해 버렸으니 서영이 마음이 불편할 수밖에. 어쩔 수 없어서 그렇게 결정한 게 아니라 그냥 귀찮아서 그런 거니까 더 그럴 거야.

그런데 서영이 말고 대부분 아이들은 반장의 생각에 맞장구를 쳤어. 오히려 고마워하는 아이들도 있었지. 아이들은 돈만 내겠다고 하고 그 돈에 대한 아무런 권리도 주장하지 않았어. 반장 역시 아이들의 의견을 열심히 들을 생각이 없었고. 도대체 왜 이렇게 된 걸까?

중국의 철학자 노자도 서영이와 비슷한 고민을 했단다. 물론 노자는 반장과 반 아이들이 아니라 군주와 백성들의 관계가 어떠해야 하는지를 고민했다는 게 다르기는 하지만 말이야. 그럼, 지금부터는 노자의 철학에 대해 이야기해 볼까?

도는 물처럼 부드러우면서도 강한 것이다

공자가 예와 인을 강조하고 묵자가 겸애를 주장했다면, 노자는 '도'를 주장한 사람이야. 우리가 노자를 이해하려면 노자가 말한 '도'에 대해 먼저 알아야 해.

노자는 젊은 시절에 역사 공부를 아주 많이 했어. 역사에 등장하는 수많은 이야기를 공부하면서, 사람에게 필요한 도리나 세상 돌아가는 이치를 깨닫게 되었지. 노자는 그런 도리나 이치를 한마디로 말해 '도'라고 불렀고, 《도덕경》이란 책에 도에 대한 이야기를 남겼어.

《도덕경》의 탄생

노자가 지었다고 전해지는 책이야. 지은이 이름을 따서 그냥 《노자》라고 불리기도 하지. 이 책이 어떻게 세상에 나왔는지, 전해지는 얘기 한번 들어 볼래?

노자가 주나라를 떠나려고 할 때였어. 윤희라는 사람이 주나라의 성문을 지키는 수문장이었는데, 떠나려는 노자를 막아섰지. 윤희는 평소 노자의 학식이 높은 걸 잘 알고 있었고, 노자를 흠모하고 있었단다.

"선생님, 저에게 가르침을 주십시오."

그러나 노자는 단칼에 거절해.

"도는 말로 드러낼 수 있는 것이 아니네. 어서 길을 내어 주게."

노자는 윤희의 부탁을 거절했지만, 윤희도 결코 포기하지 않았어. 열 번 스무 번, 끈질기게 노자를 설득해 결국 노자의 허락을 얻어 냈단다. 노자는 윤희에게 5천 자가 넘는 글을 써 주었는데, 그 글들이 모여서 탄생한 책이 바로 《도덕경》이야.

노자의 사상이 고스란히 담긴 책이지. 끈질긴 윤희가 아니었다면 어쩌면 《도덕경》은 쓰여지지 않았을지도 몰라.

그럼, 노자가 말한 도란 어떤 것일까? 노자는 도를 물에 비유해서 이렇게 설명했어.

"물은 만물에게 큰 이익을 주지만 자기가 최고라고 자랑하지 않는다. 물은 누구나 싫어하는 낮은 장소에 늘 머무른다. 세상에서 물만큼 부드럽고 약한 것이 없지만, 단단하고 강한 것을 공격하는 데 물보다 나은 것은 없다. 이런 물의 모습은 도와 가깝다."

노자의 말을 정리해 보면, "도는 물처럼 부드러우면서도 강한 것"인 것 같아.

그런데 어떻게 부드러우면서도 강할 수가 있지? 노자의 이야기를 좀 더 들어 보면 차츰 이해가 될 거야.

자연의 이치대로 다스려라

노자가 주나라를 떠나 제후국의 군주들을 만나 보니, 군주들이 하나같이 두려워하는 게 있는 거야. 그게 뭐였을 것 같아? 다른 나라가 쳐들어오는 걸 가장 두려워한 거 아니냐고? 아니, 그것보다 더 두려워한 게 있더라니까!

"백성들이 목숨 걸고 나에게 대들면 어떻게 하죠?"

그래, 바로 그거였어. 백성들의 저항! 노자는 제후의 질문에 질문으로 답했어.

"백성들이 왜 자신들의 소중한 목숨까지 걸고서 제후께 대들 거라고 생각하십니까? 백성들이 그럴 만한 까닭이라도 있는지요?"

군주는 우물쭈물 아무 말도 못 했어. 그러자 노자가 계속해서 말했지.

"그건 백성들의 삶이 편안하지 못하다는 것을 군주께서도 알고 있기 때문입니다. 늘 너무 많은 세금에 시달리고, 전쟁이나 공사에 자주 불려 다니니 백성들이 어디 편히 살 수 있겠습니까? 그러니 가만히 앉아 죽느니 차라리 대들다 죽는 편이 낫다고 백성들이 생각할 수도 있겠다고 느끼시는 것 아닙니까?"

군주가 걱정스러운 표정으로 다시 물었어.

"그 말이 맞소. 그럼, 백성들이 목숨 걸고 나에게 대드는 걸 막으려면 어떻게 해야 합니까?"

노자가 말했지.

"자연의 이치를 예로 들어 말씀드리겠습니다. 활은 화살을 쏘기 위해 구부러지지만, 화살이 날아가고 나면 다시 펴집니다. 바닷물은 어떤가요? 썰물이 되고 나서 얼마 지나지 않아 밀물이 밀려오고, 밀물이 나가고 나면 얼마 지나지 않아 다시 썰물이 들어옵니다. 그것이 바로 자연의 이치입니다."

노자는 잠시 숨을 고르고는 말을 이어 나갔어.

"그런데 인간 세상은 어떻습니까? 돈 많은 사람이 돈 없는 사람에게 돈을 주는 것이 아니라, 오히려 돈 많은 사람이 돈 없는 사람의 돈을 빼앗아 더욱 배를 채웁니다. 자연의 이치대로, 돈 없는 사람에게서 돈을 주어 보세요. 그래도 백성들이 군주에게 대들겠습니까?"

나라를 다스리려면 백성들에게서 세금을 거두어야 해. 그러나 그 세금을 쓰고 남은 것을 백성들에게 되돌려준다면 어떻게 될까? 가난한 사람이 줄어들 거고, 그러면 군주에게 목숨 걸고 맞서겠다는 이들도 줄어들 거야.

노자의 말을 들어 보니, 노자는 백성들을 위하는 마음으로 군주에게 좋은 충고를 한 것 같구나.

부드러운 통치가 강한 통치다

그러나 조금만 더 생각해 보면 노자는 백성의 편이 아니라 군주의 편이 었다는 것을 알 수 있지. 노자가 백성들이 잘 살아야 한다고 생각한 건 사실이야. 그러나 왜 그렇게 생각했는지, 그 까닭이 중요해.

노자는 생각했지. 백성들이 잘 살아야 군주의 이득도 크다고 말이야. 노자의 속마음을 좀더 들여다볼까?

'백성들에게 세금을 돌려주면 백성들은 군주가 자신들을 엄청 아낀다고 생각할 것이다. 그러나 이는 백성을 아끼기 위한 것이 아니다. 군주가 좋은 정치를 하고 있다는 것을 보여 주기 위한 것일 뿐이다. 이제 백성들은 자신들을 아끼고 사랑하는 군주를 자발적으로 믿고 따르게 될 것이다. 그뿐이겠는가? 그 다음에는 군주가 더 많은 세금을 내라고 해도 군말 없이 따르게 될 것이다.'

중요한 건 이런 '꼼수'를 백성들이 눈치채지 못하게 하는 거였어. 그래서 노자는 군주들에게 이렇게 충고했단다.

"백성들이 글자를 알게 해서는 안 됩니다. 글자를 알면 아는 것이 많아지고 세상의 이치에도 밝아져 군주가 하는 일을 의심하게 될지도 모르니까요."

노자는 군주에게 입조심을 하라고 거듭 타일렀어.

"왜 세금을 되돌려주는지 그 이유를 절대로 말해 주면 안 됩니다. 그래야만 백성들이 '군주가 나에게 은혜를 베푸는구나' 생각할 테니까요. 감동한 백성들은 기쁜 마음으로 세금을 내고, 전쟁에 나가 군주를 위해 목숨을 바치게 될 겁니다."

노자는 백성들이 이렇게 자발적으로 복종할 수 있어야 나라가 편안해진다고 생각한 거야.

앞에서 노자는 나라를 다스릴 때 도로 다스려야 한다고 했던 거, 기억나니? 그리고 그 도는 '물처럼 부드러우면서도 강한 것'이라고 말했지. 노자가 어떤 뜻으로 한 말인지, 이제 이해가 되지? 노자는 군주에게 백성을 다스릴 때 "물처럼 다스리라"고 말하고 싶었던 거야. 겉으로는 백성을 '부드럽게' 대함으로써, 백성들이 군주의 부드러움에 감동하여 스스로 복종할 수 있게 말이야. 그래야 군주는 백성을 더욱 '강하게' 지배할 수 있게 될 테니까. 그것이 바로 노자가 꿈꾼 이상적인 나라의 모습이었어.

노자, 긍정적으로 볼 것인가, 부정적으로 볼 것인가

노자는 백성들의 삶을 안정시키는 것이 곧 군주에게 이득이 된다고 생각했어. 그래야 나라가 안정될 수 있다고 군주들을 설득했지. 그러나 당시

노자가 생각한 이상향

노자가 생각한 가장 이상적인 나라의 모습은 이랬어.

"나라를 작게 하고 백성을 적게 하라. 그러면 다스릴 일이 많지 않으니, 굳이 능력 있는 사람이 필요치 않다. 백성이 자기가 사는 곳에 계속 머물면 이웃 나라와 비교할 수 없을 터이니 자신의 음식을 달게 먹고, 자신의 옷에 만족하며, 자신의 풍속을 즐기고, 자신의 거처를 편안히 여길 것이다."

크지 않은 나라에 얼마 안 되는 사람들이 소박하게 모여 살면 만족스러울 것이라는 이야기지. 그게 노자가 바라는 좋은 나라의 모습이었어. 이미 눈치 챘겠지만, 이런 작은 나라 역시 백성들이 편안하게 살기를 바라는 마음에서 좋다고 주장한 건 아니야. 군주의 입장에서 이런 나라가 다스리기 편하다는 거였지.

백성이 더 좋은 삶을 꿈꾸기보다는 현재의 삶에 만족하게 하고 통치자의 은혜에 감사하는 마음을 갖게 하려면, 나라도 작고 백성도 적은 것이 더 유리하다고 생각했던 거란다.

노자의 주장은 군주들 사이에서 별로 인기가 없었어.

군주가 강해질 수 있는 방법을 노자가 알려 주었는데도 군주들이 노자의 말을 따르지 않은 까닭은 뭘까? 삼촌 생각에는 남는 세금을 돌려주는 게 영 내키지 않아서 그랬던 것 같아. 먼 미래보다는 눈앞의 이익에 급급했던 거지.

비록 노자의 주장이 백성보다 군주 입장에서 나온 것이라고 해도, 노자의 주장이 받아들여지지 않은 건 안타까워. 군주들이 노자 말을 따랐다면, 백성들의 삶이 조금이라도 더 편해졌을 테니까 말이야.

서영아, 네 생각은 어때? 백성들에게 남는 세금을 돌려주라고 한 노자는 좋은 철학자였을까? 아니면 백성보다는 군주를 위한 주장을 했으니 나쁜 철학자라고 보아야 할까?

노자의 생각대로라면, 서영이네 반장은 '부드러우면서도 강한' 지도자일지도 모르겠구나. 함께 정해야 할 선물을 자기 뜻대로 사면서도, 반 아이들의 칭찬을 받았으니까 말이야. 그러나 그런 행동이 사실은 반 아이들 모두를 위한 것이 아니라 그저 자기 편하자는 마음에서만 나온 거라면, 그러니까 자기 자신을 위한 것이었다면 그런 행동을 한 반장을 올바른 지도자라고 평가할 수 있을까?

 노자의 눈으로 본질을 살피다

노자가 주장한 '부드러우면서도 강한' 정치는 21세기 우리나라에서도 종종 나타나곤 해. 가장 대표적인 것이 바로 유가환급금 제도야.

유가환급금 제도란 기름 값이 올라 경제적으로 어려움을 겪고 있는 국민들에게 교통비의 일부를 지원해 주었던 걸 말해. 2008년 가을, 이명박 정부는 노동자, 자영업자, 일용노동자 등 총 1,435만 명에게 2조 6,520억 원의 유가환급금을 지급한다고 발표했어. 그래서 일인당 최대 24만 원을 받을 수 있게 되었지. 돈을 받은 사람들은 공짜로 생긴 돈을 어디에 쓸까, 행복한 고민에 빠졌단다.

그런데 이명박 정부는 왜 유가환급금 제도를 실시한 걸까? 그때 삼촌은 불현듯 노자의 이야기가 떠올랐어. "세금을 돌려주면 알아서들 복종할 것입니다" 했던 주장 말이야.

당시 이명박 정부는 고환율 정책을 펴고 있었어. 환율이 높으면 수출품의 가격 경쟁력이 높아져 수출이 늘고, 국제 거래에서 흑자를 유지할 수 있었기 때문이지. 그러나 반대로 수입품 가격이 높아져서 물가가 오르는 부작용도 있었어.

결국 고환율 정책의 부작용이 나타나기 시작했어. 물가가 계속 오르고 기름 값마저 함께 올랐지. 그러자 정부는 국민들의 마음을 달래지 않으면 안 되게 되었어. 그렇게 해서 등장한 것이 바로 유가환급금 제도였단다. 사실 공짜 돈도 아니었어. 고환율 정책으로 국민들이 이미 손해 본 것만큼의 돈을 생색내면서 돌려 준 것에 불과했으니까 말이야.

서영이도 살면서 정부가 선심 쓰듯이 내세우는 정

> **고환율 정책** 말 그대로 풀이하면 우리나라 환율을 높게 만든다는 뜻이야. 예를 들어 지금 환율이 1달러당 1천 원이라고 하면, 이걸 억지로 1천1백 원 정도로 유지한다는 거지. 1달러를 사는 데 1천 원이 아니라 1천1백 원이 필요해지는 거니까 우리나라 화폐 가치가 낮아지는 거야. 그건 곧 물건을 수출할 때 실제보다 더 낮은 가격으로 값을 매길 수 있게 된다는 뜻이란다.

책을 곧잘 보게 될 거야. 그럴 때마다 군주가 백성들을 길들일 양으로 그랬던 것처럼 지금의 정부도 똑같은 목적으로 그렇게 하는 것은 아닌지, 잘 살펴보아야 한단다.

노자는 누구?

노자도 공자와 묵자처럼 춘추전국시대 사람이야. 그런데 태어난 날도 죽은 날도 알 수가 없어. 사실, 노자가 정말 실존한 인물이었는지도 확실치 않단다. 다만 그가 남긴 책 《도덕경》이 있기 때문에, '실존 인물이 맞을 거야' 생각할 뿐이지.

기록이 없으니 젊은 시절에 무엇을 했는지도 정확히 알 수 없어. 그러나 노자가 주나라 왕실의 도서관, 그러니까 지금으로 말하면 국립중앙도서관에서 사서로 일했다고 주장하는 학자들이 많단다.

도서관 사서였다는 게 사실이라면 노자는 온갖 종류의 책은 다 보았을 테고, 공부도 무척 많이 했겠지? 앞에서도 말했지만 노자는 특히 역사 공부를 많이 했다는구나.

노자가 도서관에서 공부에 빠져 있는 동안 주나라 왕실은 점점 약해지고, 제후들의 힘은 점점 강해져 세상이 어지러워졌어. 그러자 노자도 도서관 사서

일을 그만두고 주나라를 떠나 여러 제후국을 떠돌아다녔단다.

그러나 노자는 공자와 묵자처럼 살 생각은 없었어. 공자처럼 제후국의 신하가 될 생각도 없었고, 묵자처럼 제후국 사이의 전쟁에 끼어들고 싶지도 않았지. 노자는 누구에게도 얽매여 살고 싶지 않았어. 자유롭게 생각하고, 자유롭게 행동하고 싶었지.

그렇다고 세상일에 관심이 없었던 사람은 결코 아니었어. 적극적으로 나서지 않았을 뿐, 군주들이 찾아오면 자신의 철학을 열심히 전했거든. 물론 노자의 말을 따르는 군주는 별로 없었지만 말이야.

노자는 백성보다는 군주의 편이었다고 했지? 백성을 위하는 어떤 일이라도 군주에게 이익이 될 때만 의미가 있다고 한 사람이니까. 그렇다고 노자가 도덕적으로 문제가 있는 인물이었다고 생각할 필요는 없어. 노자는 우리에게 나라에 대해, 그리고 군주와 백성의 관계에 대해 바라볼 수 있는 좋은 방법을 알려 주었으니까 말이야.

4 서로 다름을 즐겨라

장자

삼촌,
지난 주 토요일에 서영이를 만났어. 고마운 사람한테 줄 선물을 같이 고르기로 했거든. 그게 누구냐면……, 바로 삼촌! 하하. 삼촌이 박물관 견학도 시켜 주고, 귀찮을 텐데 우리 편지에 꼬박꼬박 답장도 해 주는 게 고마워서 말이야. 우리 참, 기특하지? 그런데 그만, 가게 근처에도 못 가고 선물 사는 데 실패! 왜 그랬냐고? 삼촌한테 뭐 선물할까 상의하다가 서영이랑 다퉜지 뭐. 난 멋진 지갑을 선물하자고 했는데 서영이는 싫다는 거야.

"우리가 명품 지갑을 사 줄 수 있는 것도 아닌데 삼촌이 갖고 다니겠어?"
"비싼 건 아니더라도 우리가 정성껏 골랐으니까 갖고 다닐 거야."
"건우야, 그러지 말고 축구공 사자. 응?"
웬 축구공? 그것도 야구 좋아하는 삼촌한테!
"축구공은 네가 갖고 싶은 거잖아! 삼촌 줄 건데 왜 네가 갖고 싶은 걸 사?"
둘이 티격태격 하다가 결국 삐쳐서 그냥 헤어지고 말았어.

삼촌, 선물 사는 건 엄청 어려워. 친구 선물도, 엄마 아빠 선물도, 좋은 마음으로 하는 건데도, 왜 선물 사는 건 항상 어려울까?
아무튼, 삼촌! 선물은 다음 기회에!

건우가

4장 | 서로 다름을 즐겨라

뭐 그 정도 일에 선물씩이나! 마음만으로 충분해. 그나저나 내 선물 때문에 싸웠다니 삼촌 마음이 좀 그렇다.

내가 보기엔, 둘 다 틀리지 않았어. 값보다 정성이 더 중요하다고 생각한 건우 네 말도 맞고, 자기가 좋아하는 걸 다른 사람에게 주고 싶어하는 서영이 마음도 충분히 알겠어.

중국의 철학자 장자도 너희들과 비슷한 고민을 했단다. 장자 이야기를 듣고 나면 선물 고르는 게 좀 더 쉬워질 거야. 자, 그럼 이제부터 장자를 만나러 가 볼까?

동물들은 미인을 싫어한다?

건우야, 가끔 엄마하고 말이 안 통한다고 느낀 적 있니? 건우는 태권도가 더 배우고 싶은데, 엄마는 널 피아노 학원에 보내려고 한다면 무척 속

상할 거야. 태어나서 지금까지 늘 함께 지낸 엄마하고도 이렇게 생각이 다를 때가 많아. 그러니 집 밖에서 만나는 수많은 사람들과는 생각이 오죽 다르겠어?

사람마다 이렇게 생각이 다른 건 왜일까? 그건 간단하지. 서로가 '다르기' 때문이야. 살아온 환경이 다르니까 생각도 다를 수밖에 없어. 장자의 말을 들어 보면 삼촌 말이 확실히 이해가 될 거야.

"사람은 습기가 많은 곳에서 자면 허리가 아프다. 그러나 미꾸라지는 습기가 많은 곳이 편하다. 사람은 나무 위에 있으면 떨어질까 봐 겁이 난다. 그러나 원숭이는 나무 위에서 노는 게 좋다. 우리 앞에 아름다운 여자가 있다고 치자. 사람은 누구나 아름다운 여자를 보고 좋아할 것이다. 그러나 동물들도 이 여자를 좋아할까? 물고기는 이 여자를 보고 놀라 물속 깊이 숨을 것이고, 새는 보자마자 높이 날아가 버릴 것이고, 사슴은 도망갈 것이다."

사람과 동물은 달라. 그래서 사람에게 좋은 것이 동물에게는 나쁜 것이

될 수도 있고, 동물에게 좋은 것이 사람에게는 나쁜 것이 될 수도 있지. 아무리 아름다운 여자라고 해도, 어쨌든 그 여자는 사람이야. 같은 사람끼리는 아름답다고 여기지만, 사람이 아닌 동물들에게는 그 여자가 아름답게 보이지 않을 거야. 오히려 자신을 해칠지 모르는 두려운 존재일 뿐이지.

이런 일이 사람과 동물 사이에서만 있겠어? 사람과 사람 사이에도 충분히 일어날 수 있어. 같은 사람을 두고도 어떤 사람은 "저 사람 참 좋은 사람이야!" 하겠지만, 또 어떤 사람은 "저 사람 참 나빠!" 할 수도 있는 거거든. 어떤 사람에게는 아름다운 것이 다른 사람에게는 위험한 것이 될 수도 있고 말이야.

장자는 왜 이런 이야기를 꺼낸 걸까? 바로 사람과 사람 사이에 '다름'이 있다는 걸 이야기하고 싶었기 때문이야.

 ## 바닷새는 왜 죽었을까?

사람들은 모두 다를 수밖에 없으니까 각자 살고 싶은 대로, 맘대로 살면 되지 않겠느냐고? 그러나 그게 말처럼 쉽지가 않아. 그렇게 하면 생각지 못한 형태로 남에게 손해를 끼칠 수도 있거든. 장자의 이야기 속 바닷새 입장에서 한번 생각해 볼까?

옛날 노나라에서 있었던 일이야.
어느 날 바닷새 한 마리가 노나라 도성 안으로 날아왔어.
이 바닷새가 노래하는 걸 듣느라 사람들은 걸음을 옮기질 못해, 어찌나 아름다운지.

깃털은 또 얼마나 고운지 한번 본 사람들은 잊지를 못하는 거야.

노나라 왕도 소문을 들었지.

"당장 그 새를 데려오너라!"

왕은 바닷새한테 첫눈에 반하고 말아. 어찌나 사랑스러운지.

궁궐 새장에 넣어 두고는 날마다 아름다운 음악을 들려주고, 맛난 벌레도 잔뜩 잡아다 줬지.

그런데 어찌 된 셈인지, 이 바닷새는 궁궐에 온 뒤로 노래를 부르지 않는 거야.

깃털도 하루하루 빠져 볼품없이 되어 갔지.

그러다 바닷새는 새장 안에서 죽고 말았어.

궁궐에 온 지 딱 사흘째였대.

이런! 노나라 왕이 잘 대접해 주었다는데도, 바닷새는 죽고 말았어. 도대체 왜?

그건 노나라 왕이 바닷새를 제대로 이해하지 못했기 때문이야. 바닷새와 친구가 되고 싶었다면, 먼저 바닷새가 뭘 좋아하는지부터 알아보았어야지. 바닷새가 좋아할 만한 집을 마련해 주고 음식을 대접하고 말이야. 그러나 노나라 왕은 자기가 좋아하는 걸 기준으로 삼아 '이렇게 하면 바닷새가 좋아하겠지?' 하고 착각했던 거야.

그렇다면 장자는 노나라 왕과 바닷새 이야기에서 뭘 끄집어내고 싶었던 걸까? 그건 바로 남을 이해하지 못하면 남에게 손해를 끼칠 수도 있다는 사실이야.

또 반대로 남을 이해하지 못하면 내가 손해를 보게 되는 경우도 있어. 장자의 또 다른 이야기를 들어 보자.

송나라 상인이 돈을 많이 벌었어.
모자를 팔았는데, 송나라에서 모자가 아주 많이 팔렸거든.
그래서 이번에는 월나라에 가서 모자를 팔 계획을 세웠어.
수레마다 모자를 가득 싣고, 멀고 먼 월나라까지 장사를 갔지.
월나라에서 돌아올 때는 수레마다 모자 대신 돈을 잔뜩 싣고 올 꿈에 부풀어서 말이야.
그런데 월나라에 도착한 지 얼마 안 가, 송나라 상인은 울상을 한 채 되돌아오고 말았어.
장사를 아주 망쳤거든.
그게 월나라에 가 보니까, 이 나라 사람들은 머리를 짧게 깎고 문신을 하는 걸 더 좋아하는 거야. 그러니 모자가 필요 없지.
모자를 한 개도 못 팔았으니, 돌아오는 수레에는 싣고 간 그대로 모자만 가득했대.

송나라 상인은 자기 나라 관습만 알고 월나라 관습은 몰랐던 거야. 당연히 자기 모자를 월나라 사람들도 좋아할 거라고 착각한 거지. 제대로 알아보지도 않고 말이야. 그래서 모자를 팔아 돈을 벌기는커녕 손해를 보고 말았어. 이제, 남을 왜 이해해야 하는지 알 수 있겠지?

그 사람 입장에서 상대방을 이해한다는 것

그럼, 어떻게 하면 남을 제대로 이해할 수 있을까? 가장 중요한 건, 남이 살아온 방식을 이해하고 있는 그대로 받아들이는 것이란다. 남이 자기 생각을 이야기할 때, 나의 기준으로 상대방의 생각을 판단해서는 안 돼. 상대방의 기준에서 판단해야지.

삼촌이 좋아하는 야구를 예로 들어 설명해 줄게. 야구를 하는 사람은 누구나 공을 빠르게, 멀리 던지고 싶어해. 그러나 그런 욕심을 가지고 공을 던지면 오히려 더 느려지고 멀리 나가지도 않아. 왜 그럴까? 자기도 모르게 공을 꽉 움켜쥐게 되고, 어깨에 힘이 잔뜩 들어가 공을 효율적으로 던지지 못하게 되거든.

야구방망이로 공을 칠 때도 마찬가지야. 팔에 힘을 잔뜩 주고 야구방망이를 움켜쥐면 오히려 공은 강하게 맞질 않아. 팔에만 힘이 들어갈 뿐 야구방망이에는 힘이 제대로 실리지 않기 때문이지. 공을 잘 던지려 애쓰고 잘 치려 노력하는데도 왜 생각대로 되지 않는 걸까?

그건 야구공과 야구방망이의 특성을 이해하지 못하고, 자기 방식만을 고집했기 때문이야. 야구공은 똑바로 나아가는 게 아니고 회전을 해. 모양부터가 그렇게 만들어졌어. 공기 저항을 뚫고 나아갈 때 지구가 자전하듯이 빙글빙글 돌면서 나아가지. 야구방망이로 공을 맞힐 때도 마찬가지야. 어떻게 휘둘러야 야구공을 빠르고 멀리 보낼 수 있을지를 이해해야 해. 그 원리를 이해하지 못하면 공을 잘 던질 수도, 잘 칠 수도 없어.

야구를 잘 하려면 야구공과 야구방망이를 나에게 적응시키려 하지 말고 나를 야구공과 야구방망이에 적응시켜야 하는 거야.

다른 사람을 대할 때도 마찬가지야. 내 생각에 억지로 끼워 맞추려 하지 말고, 먼저 다른 이의 성격을 이해하고 그 성격에 맞게 대해야 해. 그렇게 한다고 해서 일방적으로 남에게만 이로운 건 아냐. 나에게도 이롭지. 더 나아가서는, 서로를 이해한 나와 남이 함께 어우러져 새로운 것을 만들어 낼 힘이 생기기도 해. 마치 제각각의 소리를 내는 악기들이 함께 모여 전혀 새로운 소리를 만들어 내는 오케스트라처럼 말이야.

 ## 서로의 다름을 이해하고 존중하라

장자 역시 다른 제자백가처럼 춘추전국시대라는 혼란한 사회에서 살았던 사람이야. 그런 세상에 대해 고민하기는 장자도 마찬가지였어. 장자는 수많은 제후국들이 서로 전쟁을 벌이고, 군주와 신하가 백성들을 전쟁에 동원하여 가난과 죽음으로 내모는 일이 되풀이되는 까닭이 무엇일까를 끊임없이 고민했어.

그러고는 이런 결론을 내렸지.

"서로가 다름을 이해하지 못하고, 다름을 존중하지 않기 때문이다."

장자는 모든 사람들이 자신보다 남을 먼저 이해하고 존중하면 어지러운 세상이 바로잡힐 거라고 생각했단다.

건우와 서영이가 내 선물을 고를 때 한 가지 놓친 점이 바로 그거야. 삼촌이 정말 받고 싶어하는 선물은 무엇일까, 하는 고민! 그러나 너희들끼리 머리를 맞대 본들 내가 뭘 좋아하는지 알기는 힘들었을걸! 장자의 말처럼, 삼촌이 어떤 사람인지, 그리고 너희 두 사람과 어떻게 '다른지'를 아직은

다만 고민하고 또 고민할 뿐!

　장자는 혼란한 세상에 대해 고민을 많이 한 철학자였지만, 직접 정치에 나서는 건 무척 싫어했어. 왕이나 관리들도 멀리했지. 그런 장자의 성격을 잘 보여 주는 이야기가 있어.

　송나라에 조상이란 사람이 살았어. 송나라 왕은 조상을 진나라에 사신으로 보내 두 나라 사이에 생긴 어려운 문제를 해결하라고 했어. 조상은 진나라 왕을 만나 문제를 해결했고, 장자를 찾아와 자신의 공을 자랑했지.

　"선생께서 짚신이나 짜며 허송세월하는 동안, 저는 진나라 왕을 만나 수레 백 채를 얻어 왔습니다."

　장자는 관리들을 싫어한다고 했지? 그러니 조상의 자랑도 엄청 귀에 거슬렸을 거야.

　"정말 대단하시군요. 제가 진나라 왕의 성품을 좀 알지요. 진나라 왕은 자기 종기를 째서 고름을 짜 준 의사에게는 수레 한 채를 주었답니다. 혀로 고름을 빨아 준 의사에게는 수레 다섯 채를 주었다고 하고요. 그러니까 치료 방법이 더러울수록 더 많은 상을 주었다는 뜻이죠. 선생은 진나라 왕을 위해 얼마나 더러운 일을 하셨기에 그렇게 많은 수레를 받으셨습니까?"

잘 모를 테니까. 삼촌을 잘 이해하려면 더 자주 만나고 더 많이 이야기를 나누는 수밖에 없어.

그러니 이제, 삼촌 선물을 뭘로 할까, 하는 고민은 해결된 거지? 이제 남은 또 하나의 문제는 싸워서 말도 안 하고 지내는 너희들을 화해시키는 건데, 이럴 때 장자라면 두 사람에게 이렇게 말했을 것 같아.

"서영이는 건우가 왜 지갑을 사자고 했는지 곰곰 생각해 보렴. 반대로 건우는 서영이가 왜 축구공을 떠올렸는지 차근차근 되짚어 보고 말이야. 그렇게 이해하려고 노력하다 보면, 자연히 화해의 길이 열릴 것이다."

 ## 소수는 다수에게 무시당해도 되는 걸까?

'나와 다른 사람'을 이해하고 존중해야 한다는 장자의 말은 아마 대부분의 사람들이 옳다고 생각할 거야. 하지만 그런 생각을 실천에 옮기는 것은 몹시 어려워. 특히 '나와 다른 사람'이 소수일 경우에는 이해하고 존중하기는커녕 차별하고 배척하기도 한단다. 그 대표적인 예가 동성애자를 대하는 사람들의 태도야.

동성애란 남성과 남성, 또는 여성과 여성이 서로 사랑하는 걸 말해. 그리고 그런 사랑의 감정을 받아들이고 행동에 옮기는 사람을 동성애자라고 하지. 대부분의 사람들은 사랑이란 이성끼리만 생기는 감정이라고 느껴. 여자는 남자를, 남자는 여자를 좋아한다고 말이야. 대부분의 사람들이 이성애자니까, 그것을 '정상'이라고 받아들이고 그렇지 않은 이들은 '비정상'이라고 선을 긋게 되지. 그러나 소수기는 하지만 동성애자도 우리 사회에 분명 존재하고 있어.

이성애자들 중에는 동성애를 윤리적으로 잘못된 행위라고 비난하는 사람이 적지 않아. 겉으로는 이해한다고 말하면서도 속으로는 '썩 바람직하지 못하다'는 편견을 가진 이성애자도 적지 않지. 그러나 그런 사람들에게 "왜 동성애가 윤리적으로 잘못된 행동인지 근거를 대 보세요." 하거나 "동성애가 바람직하지 못한 까닭이 뭔가요?" 얘기해 보라고 하면 감정적인 이야기 말고는 제대로 답을 못 할 거야.

사람들이 동성애자들을 대놓고 비난하거나 속으로 좋지 않게 여기는 건 바로 동성애자들이 소수이기 때문이야. 다수가 하는 것은 옳고 당연해 보이고, 소수가 하는 것은 이상하게 여겨져 배척하는 거지. 동성애자가 소수라는 이유로 이성애자가 동성애자를 비난하거나 편견을 가지는 건 옳지 않아. 장자가 말한 것처럼, 동성애자는 이성애자에게 '나와 다른 사람'일 뿐이고, 이성애자 역시 동성애자에게는 '나와 다른 사람'일 뿐이니까.

다름을 이해하고 존중할 때, 우리 사회는 좀 더 성숙해질 수 있을 거야.

장자는 누구?

　장자는 기원전 369년 중국 송나라에서 태어났어. 묵자와 고향은 같지만 묵자보다 120년 정도 늦게 태어난 사람이지. 성은 '장', 이름은 '주'. 이후 높여서 장자라고 불린단다.
　장자는 어려서부터 열심히 공부해서 세상의 이치를 빨리 깨달았어. 그래서 송나라 왕이 장자를 신하로 삼으려고 애를 썼지. 그러나 장자는 벼슬길에 나가는 걸 좋아하지 않았어. 잠깐 말단 관리가 된 적은 있지만, 더 이상은 욕심내지 않았지.
　장자가 현명한 사람이라는 소문은 이웃의 초나라에까지 알려졌어. 초나라 왕은 장자를 자기네 나라 재상으로 삼고 싶었어. 그래서 신하를 송나라로 보냈지. 장자를 만나 보라고 말이야. 초나라 신하는 마침 낚시를 하고 있던 장자를 만나 이렇게 말했어.
　"저희 초나라를 위해 일해 주십시오."
　그러자 장자는 뒤도 돌아보지 않고 이렇게 대답해.

"제사에 제물로 바치는 소를 본 적이 있습니까? 그 소는 좋은 옷을 입고, 좋은 여물과 콩을 먹으며 지냅니다. 그러나 그렇게 행복하게 지낸 소도 언젠가는 제사에 쓰이기 위해 죽임을 당하고 말지요."

장자는 벼슬에 나아가는 걸 제사에 제물로 바쳐지는 소에 비유한 거야. 벼슬에 나아가 부귀영화를 누리면 뭐 해? 언젠가는 비참하게 죽을지도 모르는데 말이야. 마치 좋은 것을 입고 먹으며 살다가 결국 제사상에 올려질 소처럼 말이야. 그럴 바에야 차라리 외롭고 가난하게 사는 편이 훨씬 낫다는 뜻이지.

장자는 벼슬길에 나아가지는 않았지만, 글을 써서 자신의 철학을 사람들에게 알렸어. 그렇게 해서 탄생한 책이 바로《장자》라는 책이야.

장자는 여든 살쯤까지 살다가 기원전 289년경 죽었어. 장자가 남긴 '다름'의 철학은 오늘날까지도 많은 사람들에게 큰 가르침이 되고 있단다.

더 깊이
생각해 보자
2

자연에 대한
생각의 차이

노자 VS 장자

노자와 장자의 사상을 두 사람 이름의 앞 글자를 따서 '노장사상'이라고 합쳐 부르곤 해. 두 사람의 사상에 공통점이 있기 때문이야.

가장 큰 공통점은 자연의 법칙을 중요하게 여겼다는 거야. 공자와 맹자처럼 사람을 인위적인 도덕에 따르게 하지 말고, 자연의 법칙에 따라 순리대로 살도록 해야 한다고 생각했지. 그래서 노자가 쓴 《도덕경》과 장자의 《장자》를 보면, 세상의 이치를 자연에 빗대어 설명한 부분이 무척 많아. 또 그 설명하는 방식이 너무나도 절묘해서 "와!" 하고 무릎을 칠 때도 많지.

그렇다고 해서 노자와 장자의 철학이 내용까지 비슷한 건 아니었어. 앞에서도 이야기했지만, 노자는 국가와 군주의 통치 방식을 바꾸어야 한다고 주장했던 반면, 장자는 개인과 개인이 서로를 이해하는 것을 근본적인 해결책으로 생각했지.

자연에 빗대어 쓴 절묘한 글들을 읽어 보면서, 노자와 장자의 차이점에 대해 살펴볼까?

"세상에 물보다 약한 것은 없다. 그러나 강한 것을 공격하는 데 물보다 나은 것이 없다. 즉, 아무리 견고한 성이라도 홍수가 나서 큰물이 들어오면 무너질 수밖에 없다. 또한 아무리 굳센 돌일지라도 물방울이 끊임없이 떨어지면 결국 구멍이 뚫리고 만다. (…) 약한 것은 강한 것을 이기고, 부드러운 것은 단단한 것을 이긴다."

물이라는 자연의 이치로 전쟁에 대해 설명한 노자의 말이야. 물처럼 부드러운 것이 오히려 더 강력한 힘을 발휘할 수 있다는 것을 강조했어.

이번에는 장자의 말을 들어 보자. 어느 날 친구가 찾아와 장자에게 말했어.

"왕이 내게 큰 박 씨를 주었네. 그걸 심었더니 잘 자라서 커다란 박이 열렸지. 그 박을 무엇에 쓸까 하다가 물을 보관하기로 했는데, 박이 물러져서 적당치가 않았어. 그래서 바가지로 사용하려 했는데 너무 크고 평퍼짐해서 마땅치가 않더군. 이래도 저래도 쓸모가 없어 그냥 깨부숴 버렸지."

"자네도 참 답답하네그려. 그렇게 큰 박이 있으면 허리에 차고 수영을 하지 그랬나!"

박을 자기 생각에 끼워맞추려 하지 말고 박이 지닌 가장 중요한 속성을 살펴 사용했어야 한다는 거야. 나와 상대방의 다름을 이해하고 그걸 존중할 줄 알아야 한다는 장자의 생각이 담긴 이야기란다.

어때? 자연의 이치로 풀어 설명한 노자와 장자의 이야기가 절묘하고 재미있지 않니?

노자와 장자는 둘 다 자연의 이치를 가지고 세상살이의 뜻을 전하려고 했어. 그런 점에서는 두 사람이 비슷하지. 그러나 그 속에 담긴 뜻은 무척 다르지? 노자는 '부드러운 것이 강하다'는 메시지를, 장자는 '다름을 즐기라'는 메시지를 주고 있어.

언젠가 기회가 되면 너희들도 《도덕경》과 《장자》를 읽어 보면서 두 사람의 공통점과 차이점을 찾아보면 좋겠구나.

5 사람의 본성은 선하다

맹자

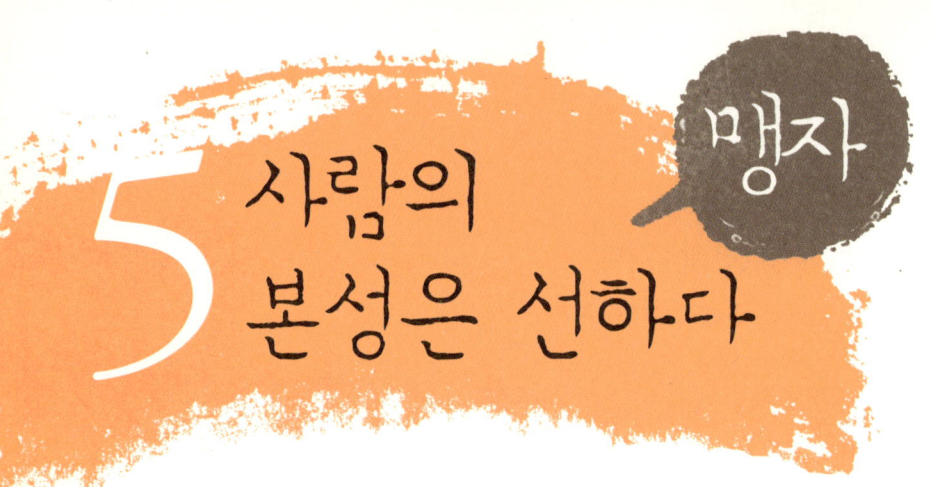

삼촌,

왕따 영철이를 때린 명수 기억나지? 명수가 영철이를 때렸다는 걸 담임 선생님이 아셨나 봐. 엄청 화가 나셔서 명수에게 당장 부모님을 모셔 오라고 했어. 그런데 명수 부모님은 학교에 오시지 않았어. 두 분 다 일을 하느라 학교에 올 틈을 내지 못하셨다는 거야.

친구들이 그러는데, 명수는 어렸을 때부터 늘 혼자 지냈대. 엄마 아빠 둘 다 아침 일찍 나갔다가 밤늦게 돌아오셨으니까, 집에 가도 아무도 없고, 집이 가난해서 다른 친구들처럼 학원에 갈 수도 없었대.

그런 명수는 늘 피시방에 갔어. 게임은 명수에게 유일한 친구였거든. 게임은 명수의 외로움을 달래 주었지만, 문제는 용돈이 금세 떨어졌다는 거야. 명수는 피시방에 갈 돈이 떨어지면 다른 아이들 돈을 빼앗았어. 명수가 영철이한테 돈을 꿔 달라고 했지만 실은 갚을 생각이 없었던 거야.

난 영철이를 때린 명수가 너무 싫었어. 약한 친구들한테 돈이나 빼앗고, 때리기나 하고 말이야. 그러나 친구들 이야기를 듣고 나니까, 명수가 불쌍해지더라고.

나는 왜 나쁜 짓을 한 명수가 갑자기 불쌍하게 생각되는 걸까?

건우가

그러게, 나쁜 짓을 한 명수가 왜 불쌍해진 걸까? 그건 건우가 명수네 집 이야기를 듣고 명수를 이해하게 되었기 때문일 거야. 장자의 말처럼 '다름'을 이해하고 받아들이게 된 거지. 명수 이야기를 듣고 나서, 넌 이렇게 생각했을 거야.

'명수는 원래 나쁜 아이라서 나쁜 짓을 한 줄 알았는데, 내 생각이 틀렸어. 명수도 태어날 때부터 나쁜 아이는 아니었을 거야. 그런데 부모님의 보살핌을 충분히 받지 못하고, 친구들과도 잘 어울리지 못해서 점점 나쁜 아이가 된 건 아닐까?'

어때, 삼촌 말이 맞아? 친구를 이해하려 애쓰는 건우가 정말 기특해! 그런데 한 가지 궁금한 점이 생기는구나. 건우 생각대로, 사람은 정말 태어날 때 착한 마음씨를 갖고 태어나는 걸까? 중국의 철학자 맹자도 이 문제를 깊이 고민했어.

어진 정치를 주장하다

맹자는 우리가 앞에서 살펴본 공자의 제자야. 공자의 사상을 이어받은 유가 사상가지. 맹자는 스승 공자의 생각에서 한 걸음 더 나아가서 '어진 정치', 즉 '인정仁政'을 주장했단다.

맹자가 말한 인정이란 무엇일까? 정치가 어질다? 언뜻 이해가 잘 안 되지? 맹자가 어느 군주와 나눈 대화를 들어 보면 짐작할 수 있을 거야. 제나라의 왕이 맹자를 궁으로 초대했을 때의 일이야.

왕이 맹자에게 물었지.

"어떻게 하면 정치를 잘할 수 있겠는가?"

그런데 맹자는 대답은 하지 않고, 대뜸 엉뚱한 얘기를 꺼냈어.

"궁궐로 오는 길에 어떤 사람에게서 이런 이야기를 들었습니다. 하루는 왕께서 당상에 계실 때, 한 신하가 소를 끌고 지나가는 걸 보셨다지요?

> **당상** 높은 대청 위를 가리키는 말이야. 당상은 주로 높은 벼슬아치를 가리키는 말이지만, 여기에서는 왕이 앉는 높은 자리를 뜻해.

그 소는 제사상에 제물로 올릴 소였습니다. 왕께서는 그 소가 불쌍했는지 이렇게 말씀하셨다고 하더군요. '놓아 주어라. 아무 죄도 없는데 벌벌 떨며 끌려가는 게 참으로 안되었구나.' 그러자 신하가 물었지요. '그럼, 제사를 지낼 수가 없는데요?' 그러자 왕께서는 이렇게 말씀하셨습니다. '제사는 지내야지. 소 대신 양을 제물로 삼아라.' 하고 말입니다. 이게 사실입니까?"

제나라 왕이 대답했지.

"그런 일이 있기는 했소만……."

"그렇다면 왕께서는 이미 정답을 알고 계시지 않습니까! 소를 불쌍히 여기는 바로 그 마음으로 정치를 하시면 됩니다. 그런 어진 마음으로 정치를 하면 백성들의 마음을 사로잡을 수 있고, 천하를 손에 넣을 수 있습니다."

두 사람의 대화 속에 맹자가 주장한 '인정'에 관한 이야기가 담겨 있어. 죄 없이 끌려가는 소를 가엾게 여긴 것처럼 굶주리는 백성과 전쟁터에 내몰려 죽는 백성들을 가엾게 여기라는 이야기지. 그런 어진 마음으로 정치를 하면 제나라는 물론이고 천하를 얻을 수 있을 거라는 게 맹자의 생각이었어.

인간의 본성은 선하다

맹자가 주장한 인정이 무척 그럴듯하게 들려. 정말 맹자의 말대로 백성을 가엾게 여기기만 한다면 백성들의 마음을 사로잡아 천하를 다 차지할

수 있을 것 같기도 해. 2천4백 년 전 맹자가 했던 말이 지금 우리에게도 무척 가슴 깊이 다가오는구나.

맹자가 말한 인정이 듣기에는 그럴듯하지만 실천하는 건 쉽지 않아 보여. 그래도 맹자는 반드시 실현할 수 있다고 믿었어. 맹자는 사람의 본성이 선하다고 보았거든. 이런 맹자의 주장을 '성선설性善說'이라고 해. 맹자가 왜 그렇게 생각했는지 볼까?

맹자가 이런 말을 한 적이 있어.

"당신이 길을 가고 있는데, 한 아이가 막 우물에 빠지려 한다고 칩시다. 그 순간 당신은 깜짝 놀라며 그 아이가 빠지면 어떡하나 걱정을 할 겁니다. 왜 그럴까요? 아이를 살려 주어 그 부모에게 보상을 받으려고요? 아니면 다른 사람들에게 칭찬이라도 한마디 듣고 싶어서요? 아닙니다. 그런 아이를 보면 안타깝게 여기는 생각

인간의 네 가지 본성
측은지심惻隱之心 누구나 위험에 처한 사람을 보면 안타깝게 여기며 도와주고 싶어하는 마음.
수오지심羞惡之心 잘못된 것을 보았을 때 부끄러워하고 미워할 줄 아는 마음.
사양지심辭讓之心 누군가가 무엇을 주었을 때 겸손한 마음으로 사양하거나 양보하는 마음.
시비지심是非之心 옳고 그름을 가릴 줄 아는 마음.

이 마음속에 이미 들어 있기 때문입니다."

맹자는 우물에 빠지려는 아이를 도와주려는 마음을 '측은지심'이라고 하며, 이것이 인간의 본성이라고 생각했어. 또 인간의 본성에는 측은지심 말고도 수오지심, 사양지심, 시비지심이 있다고 주장했지.

맹자는 사람이라면 누구나 이 네 가지 마음을 가지고 태어난다고 생각했어. 그리고 만약 이 네 가지 마음 중에 한 가지라도 없으면 그 사람은 사람이 아니라고 주장했지.

사람이 아니라니, 너무 심한 거 아니냐고? 건우야, 맹자의 말을 있는 그대로 받아들일 필요는 없어. 맹자가 자기 생각을 강조하려다 보니 그렇게 말한 것뿐이야. 중요한 건, 위와 같은 네 가지 마음은 사람이라면 누구나 태어날 때부터 지니는 본성이라고 생각했다는 거야. 이것이 바로 맹자가 주장한 성선설의 핵심 내용이란다.

선한 본성을 잃지 않으려면?

여기에서 한 가지 궁금한 점이 생겨. 맹자의 말대로라면, 온 세상이 선한 사람들로 가득해야 하고, 선한 일들로 가득해야 해. 그러나 세상은 맹자의 말과는 정반대야.

나를 위해 남을 희생시키고, 내 가족을 위해 다른 가족을 희생시키고,

내 나라를 위해 다른 나라를 희생시키는 일이 너무나도 많으니까 말이야. 맹자님, 이거 대체 어찌 된 일인가요?

삼촌이 이런 질문을 던질 걸 미리 알기라도 했는지 맹자는 이렇게 말했어.

"나무 한 그루 없는 민둥산을 보면 이런 생각을 할 것입니다. '참 못났네. 어찌 나무 한 그루 자라지 않는 산이 있단 말인가!' 그러나 그건 산의 잘못이 아닙니다. 원래는 나무가 많았는데, 가뭄이 들어 모두 말라 죽었을 수도 있고, 홍수로 나무가 죄다 떠내려갔을 수도 있지요. 그도 아니면 사람들이 모두 베어 가 버렸기 때문일지도 모릅니다. 나무가 살기 좋은 환경이었다면, 산은 나무로 가득 차 있지 않았을까요?"

건우야, 맹자가 왜 민둥산 이야기를 했을까? 산을 인간이라고 보고, 나무를 선한 본성이라고 보면 이해하기가 쉬울 거야. 맹자는 산이 나쁜 환경 때문에 나무를 잃은 것처럼, 인간은 나쁜 환경 때문에 선한 본성을 잃었다고 말하고 싶었던 거야.

그렇다면 나쁜 환경 속에서도 선한 본성을 잃지 않으려면 어떻게 해야 할까? 맹자는 끊임없이 노력하면 선한 본성을 지킬 수 있다고 생각했어.

맹자는 자신의 성선설을 제후국 군주들에게도 전파했어. 그리고 성선설을 바탕으로 인정을 펼치라고 주장했지.

"왕이시여, 그대는 본성이 선한 사람이오. 선한 본성을 잘 살려서 백성에게 **어진 정치를 베풀면 나라가 안정될 것입니다.** 그러면 왕께서는 천하를 얻을 수 있을 것입니다."

맹자는 인간의 본성이 선하다고 생각했어. 그리고 그 선한 본성을 잘 갈고 닦으면 훌륭한 사람이 될 수 있고, 세상을 아름답게 만들 수도 있다고 주장했지. 그럴 수 있는데도 노력하지 않아 다른 이를 고통스럽게 하는 군

어진 정치를 하지 않는 군주는 내쫓아라

만약 어진 정치를 펴지 않는 군주라면 어떻게 해야 할까? 공자였다면 '안 되면 말고' 식이었을지 모르지만, 맹자는 끝없이 군주를 설득해 바꿔야 한다고 주장했어.

공자는 군주와 신하 사이의 지위와 신분 질서가 잘 유지되는 게 옳다고 했잖아? 아무리 가혹한 군주라도 아랫사람이 몰아내는 행동은 생각조차 해서는 안 되는 일이라고 말이야. 그러나 맹자는 생각이 달랐어.

'어진 정치를 하지 않는 군주는 더 이상 군주가 아니다. 따라서 군주가 아닌 자를 내쫓는 것은 당연하다.'

맹자는 공자의 제자인 데다, 똑같은 유가 사상가였는데 어떻게 이렇게 생각이 달랐을까? 그건 두 사람이 살았던 시대가 달랐기 때문이야. 공자가 살았을 때만 해도 아랫사람들이 군주를 무시하기는 했어도 군주를 내쫓을 정도는 아니었어. 주나라의 예법이 그때까지는 비교적 잘 유지된 편이었지. 그러나 맹자가 살던 시대에는 군주를 내쫓는 일이 무척 흔해졌단다.

주라면 군주가 될 자격이 없다고 믿었어.

맹자의 말대로라면 지금 나쁜 짓을 저지르는 명수도 원래는 선한 마음씨를 가지고 태어난 게 분명해. 그런데 좋은 환경에서 자라지 못해 그 선한 본성을 발휘하지 못한 거지.

그러니까 지금부터라도 엄마 아빠의 보살핌을 잘 받고 좋은 친구들과 함께 어울린다면, 명수는 태어날 때부터 몸속 깊이 간직하고 있던 착한 마음씨를 끄집어내어 좋은 사람으로 거듭날 수 있을 거라는 얘기야.

맹자의 말을 그대로 다 믿고 싶지만, 삼촌이 보기에는 세상이 그렇게 단순하지만은 않은 것 같아. 다리가 아픈데도 버스에서 할머니에게 자리를 양보한 서영이처럼, 타고난 선한 본성 때문이라기보다는 교육을 통해 깨닫고 실천하게 되는 경우도 분명히 있거든. 날 때부터 선한 본성을 갖고 태어났다기보다는 학교나 집에서 무엇이 옳은지 배워 알게 되었기 때문인 경우도 있으니까.

게다가 사람들에게는 악한 면도 분명히 존재하는 것 같거든. 나쁜 짓을 하게 부추기거나, 누군가를 미워하는 마음도 우리 안에 분명 있으니까. 그런데도 악한 면은 아예 모른 척, 없는 척하고 선한 본성만 강조하는 게 꼭 좋은 방법이기만 할까? 건우 생각은 어때?

사마리아인은 태어날 때부터 착했을까?

성선설이 반드시 옳은지 궁금하게 만드는 예는 성경에서도 찾아볼 수 있어. '착한 사마리아인' 이야기 들어 봤니?

어느 유대인이 여행을 하고 있었어. 그런데 도중에 강도를 만난 거야. 돈도 빼앗기고 다친 채로 쓰러져서는 누군가 도와주기만을 기다렸어.

쓰러진 유대인 곁을 모두 세 사람이 지나갔는데, 먼저 지나간 유대인 두 사람은 쓰러진 사람을 못 본 척하고 그냥 가 버렸어. 세 번째에는 사마리아인이 지나갔는데, 앞서 간 두 유대인과 달랐어. 가던 길을 멈추고 쓰러진 유대인을 도와주었단다. 원래 유대인과 사마리아인은 사이가 좋지 않았는데도 말이야.

맹자가 사람의 본성 중 하나라고 했던 측은지심이 바로 이런 순간에 발휘되는 것 같아. 사마리아인은 쓰러진 사람이 유대인이라는 것은 상관하지 않고, 측은지심으로 도와줬어. 이 '착한 사마리아인' 이야기를 보면 맹자의 성선설이 옳다는 생각이 들기도 해.

이 이야기를 읽다 보니, 삼촌은 궁금한 점이 두 가지 생겼어. 과연 사마리아인은 본성이 선해서 유대인을 도와준 걸까? 아니면 단지 어려움에 처한 사람은 누구든 가리지 않고 도와주어야 한다고 어렸을 때부터 배웠기 때문에 유대인을 도와준 걸까?

그리고 또 한 가지. 맹자의 성선설이 옳다면 같은 유대인인데도 도와주지 않은 두 명의 유대인은 도대체 어떻게 된 거지? 그 유대인들도 태어날 때는 선했는데, 나쁜 환경의 영향으로 나쁜 사람이 되어 도와줄 생각을 하지 못하게 된 걸까?

건우야, 딱 잘라 어떻다고 말할 수 없는 게 사람 마음인 것 같아. 사람은 날 때부터 악하다고 주장했던 순자의 이야기를 들어 본 뒤에 다시 얘기해 보자꾸나.

맹자는 누구?

　맹자는 기원전 372년경 중국의 추나라에서 태어났어. 성은 맹이고, 이름은 '가軻'야.

　앞에 나온 공자, 묵자, 노자, 장자 중에서 공자와 생각이 가장 비슷한 사람이 바로 이 맹자라는 사람이야. 맹자는 공자가 죽고 백 년쯤 뒤에 태어났어. 공자 제자의 제자쯤 되지.

　맹자가 살던 때는 공자가 살던 때보다 세상이 더욱 어지러웠단다. 작은 제후국들은 거의 다 망해서 사라졌고, 살아남은 몇몇 큰 제후국들끼리 나라의 운명을 걸고 쉼없이 전쟁을 벌였지.

　제후국들은 전쟁에서 승리하기 위해 예전보다 훨씬 많은 백성을 군대로 끌어들였고, 더욱 가혹하게 세금을 거두었단다. 그래서 백성이 느끼는 고통도 공자 때보다 맹자 때가 훨씬 심했지.

　전쟁터에 나갔다가 죽는 병사도 더 많아졌어. 논밭은 농작물 대신 굶어 죽은 시체로 가득 찼지. 옛날 역사책을 보면 이 무렵 "40만 명에서 50만 명의

포로를 땅에 묻어 버렸다"거나 "6만 명이 목숨을 잃었다"는 기록이 남아 있을 정도야.

맹자는 공자가 주장한 '예'와 '인'만으로는 더욱 혼란해진 세상을 바로잡을 수 없다고 판단했어. 그래서 어진 정치를 주장하고 이를 뒷받침하기 위해 성선설을 주장한 거란다.

군주들은 맹자의 말이 옳다고 고개를 끄덕였어. 그렇지만 옳다고 생각한다고 해서 그대로 실천한 건 아니었던 모양이야. 군주들은 다른 제후국과 싸워 이기기 위해 군사를 한 명이라도 더 뽑아야 했고, 세금을 한 푼이라도 더 짜내야 했어. 그러니 어진 정치를 펼치는 건 현실적으로는 불가능했지. 결국 맹자는 별다른 성과를 거두지 못한 채 기원전 289년경에 죽고 만단다.

그러나 맹자 역시 공자처럼 죽은 뒤에 그 이름이 더 높아졌어. 유가 사상이 인기를 끌면서 스승 공자와 함께 다시 세상에 불려 나오게 되었지. 맹자의 가르침이 담긴 《맹자》는 공자의 《논어》와 함께 유가 사상을 대표하는 책으로, 오늘날까지도 많은 사람들에게 읽히고 있단다.

6 사람의 본성은 악하다

순자

삼촌,

어제 밤에 우연히 〈화려한 휴가〉라는 영화를 봤어. 케이블 텔레비전에서 하는 건데, 아빠가 보기에 나도 옆에 앉아서 함께 보았지. '15세 관람가' 영화이기도 하고, 아빠가 "무지 무섭고 슬픈 영화인데, 그래도 볼래?" 겁도 줬지만, 보고 싶었어. 아빠가 몇 번이나 되풀이 보는 영화였으니까.

영화는 정말 끔찍했어. 군인들이 광주 시민들을 총칼로 죽이는 장면에서는 두 손으로 눈을 가릴 수밖에 없었지. 주인공의 고등학교 3학년 동생이 계엄군의 총에 맞아 죽는 장면은 정말 슬펐어.

"아빠, 아무리 지어낸 얘기라지만 너무 끔찍해."

"서영아, 이건 실제로 있었던 사건을 영화로 만든 거야."

말도 안 돼! 난 깜짝 놀랐어.

"진짜? 우리나라에서? 정말 우리나라 군인들이 사람들을 저렇게 죽인 거야?"

아빠는 고개를 끄덕였어. 삼촌, 어쩜 그럴 수가 있지? 군인들도 군대 가기 전에는 다 평범한 사람들 아니야? 아빠나 삼촌도 군인이었다면 그랬을까? 아무리 명령이었다고는 해도, 원래부터 나쁜 사람이 아니고서야 어떻게 그럴 수가 있지? 사람은 원래 나쁘게 태어나는 존재여서, 언제든 그 나쁜 마음이 행동으로 튀어나올 수 있는 건가?

서영이가

6장 | 사람의 본성은 악하다

삼촌도 5·18 광주 민주화 운동에 대해 처음 알게 됐을 때 엄청 놀랐어. 서영이처럼 영화를 보고 알게 된 게 아니라 계엄군이 시민들을 실제로 때리고 짓밟고 총을 쏘는 장면을 찍은 비디오를 봤지. 그때가 스무 살, 삼촌이 대학교 1학년 때니까 서영이보다 나이는 훨씬 더 많았는데도 얼마나 무서웠는지 몰라. 그날 밤에는 총에 맞아 쓰러지는 사람들 모습이 자꾸 떠올라 한숨도 못 잤단다.

삼촌도 참 궁금했어. 계엄군은 왜 그렇게 나쁜 짓을 저질렀을까? 물론 군인은 상관이 명령하는 건 무조건 따라야 하는 사람들이야. 그 사람들도 어쩔 수 없었을 거라는 생각도 했지. 그러나 아무리 그래도 그렇지, 어떻게 그런 끔찍한 짓을 저지를 수 있었던 걸까? 혹시 인간이란 존재가 원래부터 그렇게 악한 일을 하게끔 되어 있는 건 아닌가? 만약 내가 계엄군으로 광주에 내려갔다면 나 역시 명령을 그대로 따랐을까? 온갖 생각이 다 들었어.

맹자는 사람이 날 때부터 선한 존재라고 했는데, 이런 걸 보면 그 말이 틀린 것 같아. 순자라는 철학자도 바로 그런 생각을 했어.

순자는 맹자의 성선설과 정반대 주장을 했어. 사람은 날 때부터 악한 존재라고 했지. 누구의 말이 맞을까? 이제부터 순자의 이야기를 들어 보자.

 ## 사람은 악한 본성을 가지고 태어난다

순자 역시 맹자처럼 공자의 가르침을 공부한 유가 사상가야. 유가 사상은 세상 모든 것들 중에서 사람을 가장 중요하게 여겼는데, 이런 점을 가장 잘 드러낸 사람이 바로 순자야. 순자의 말을 한번 들어 보렴.

"물과 불은 모습은 있지만 생명은 없다. 식물은 생명은 있지만 지각이 없다. 동물은 지각은 있지만 도덕이 없다. 사람은 모습도 있고, 생명도 있고, 지각도 있고, 도덕도 갖추고 있다. 따라서 사람이 천하에서 가장 고귀하다."

그렇다면 사람은 저절로 세상 모든 것 중에서 가장 고귀해진 걸까? 맹자는 그렇게 생각했어. 사람은 누구나 선한 본성을 가지고 태어나니까 말이야.

순자의 생각은 달랐어. 맹자와 달리 순자는 사람이라고 해서 저절로 세상 모든 것의 으뜸이 되는 것은 아니라고 생각했어. 맹자처럼 선한 본성을 가지고 태어난다고 생각하지 않았거든. 순자는 맹자의 성선설을 비판했어.

"맹자는 사람의 본성이 선하다고 말했다. 그러나 맹자가 말한 성선설은 사실이 아니다."

그러고는 인간의 본성은 악하다고 주장했단다.

"사람의 본성은 원래 악하다. 사람은 태어나면서부터 이익을 추구하게 마련이다. 그대로 내버려두면 서로 싸우고 빼앗아 절대 양보하지 않을 것이다. 사람은 태어나면서부터 남을 미워하고 시기한다. 그대로 내버려두면 남을 상하게 할 뿐이다.

또 사람은 욕망을 가지고 태어난다. 귀로는 아름다운 소리를 듣고 싶어하고, 눈으로는 좋은 것을 보고 싶어하고, 입으로는 맛있는 것을 먹고 싶어한다. 모든 사람들이 자기 본성대로 행동한다면 세상은 엉망이 되고 말 것이다."

이런 순자의 주장을 '성악설'이라고 해. 맹자의 성선설을 완전히 뒤집은 주장

이었지. 같은 공자의 제자이자 자신의 선배인 맹자의 사상을 부정하다니, 놀랍지 않니?

악한 본성을 극복하라

'사람의 본성이 악하다'는 순자의 말이 너무 심하다고 여겨질 수도 있어. 세상에 나쁜 사람이 많은 것도 맞지만, 좋은 사람도 많으니까 말이야. 게다가 '사람의 본성은 원래부터 악하다'고 생각하면, 너무 절망적일 것 같아. 좋은 사람이 더 많다는 희망을 가지고 살아도 행복할까 말까 한데 말이야. 그렇지만 순자의 성악설은 그렇게 단순하지 않으니까 걱정하지 마.

'악惡'은 원래 '나쁘다'는 의미를 가진 한자야. 나쁜 일을 저지르는 걸 '악행'이라고 하지? 그러나 순자의 '성악설'의 '악'은 우리가 흔히 생각하는 '나쁘다'는 뜻과는 좀 달라. 오해하면 안 돼.

순자는 '악'을 '동물 같은 본능'이라는 뜻으로 썼어. 사람은 동물이야. 그러니 당연히 동물처럼 본능을 가졌지. 배고프면 밥을 먹고 싶고, 졸리면 자고 싶고, 사랑을 나누고 싶은 본능 말이야. 이런 본능은 동물이나 사람이나 똑같아.

이처럼 사람이 태어날 때부터 가지는 동물과 같은 본능을 순자는 '악'이라고 본 거야. 그래서 순자가 말한 '성악설'을 '사람의 본성은 나쁘다'로 좁게 해석하면 안 된단다.

그럼, 이제 순자가 말하는 게 뭔지는 알겠어. 그렇다면 순자가 주장하려는 건 뭘까? 사람 역시 동물일 뿐이니까 동물적 본능에 몸을 맡기고 살면 된다는 걸까? 그건 아니야.

모든 사람들이 동물처럼 살게 내버려두면 어떻게 될까? 배고프면 남의 것이든 말든 마구 빼앗아 먹고, 추우면 남이 입은 옷이라도 벗겨 입고, 남이 가진 좋은 것은 모두 내 것으로 만들려는 말도 안 되는 세상이 되고 말 거야.

순자는 동물과 같은 본능, 즉 '악'을 그대로 내버려두면 안 된다고 생각했어. 그걸 반드시 이겨 내야만 진정한 사람이 될 수 있다고 생각했지. 그러기 위해서는 악한 본성을 이겨 내기 위해 끊임없이 노력해야 한다고 말이야. 순자는 예를 배우고 실천함으로써 악한 본성을 이겨 낼 수 있다고 했어.

"본성이란 하늘이 인간에게 부여한 것이니 우리가 어떻게 할 수 있는 것이 아니다. 그러나 예란 사람들이 배워서 익힐 수 있고, 노력해서 실천할 수 있는 것이다."

순자가 성악설을 주장한 까닭

그렇다면 순자는 왜 맹자의 성선설을 비판하고 성악설을 주장했을까? 두 사람 모두 춘추전국시대라는 혼란한 시대를 살기는 했지만 혼란해진 까닭을 각기 다르게 진단했기 때문이야. 순자의 생각은 이랬어.

"사람에게는 누구나 자연적이고 동물적인 본능이 있다. 그런데 이런 본능을 잘 다스리지 못해 이기적인 마음을 갖게 되었고, 서로 자기 이익만을 챙기게 되었다. 그러다 보니 세상이 어지러워졌다. 따라서 사람들이 예를 배우고 익혀 동물적인 본능을 극복하면 어지러운 세상을 바로잡을 수 있을 것이다."

순자는 맹자보다 훨씬 현실적인 철학자였어. 인간의 본성이 선하다는 맹자의 주장은 그저 듣기 좋으라고 하는 소리일 뿐이라고 생각했지. 인간은 원래 선하니까 그 선한 본성을 잘 유지하기만 하면 된다는 주장은 뛰어난 몇몇 성인군자에게만 해당할 뿐이라고 여겼지. 순자는 맹자의 사상이 현실의 문제를 해결하는 데 아무 도움도 되지 못한다고 생각했어.

그렇다고 해서 현실에 맞는 예를 백성에게 전파하면, 백성이 그 예를 스스로 배우고 익혀 잘 실천할 수 있을 거라고 생각한 건 아니야. 백성 스스로 악한 본성을 극복하기란 힘들 거라고 믿었지. 그래서 순자는 그 일은 군주가 해야 한다고 생각했어. 그것도 그냥 아무 군주여서는 안 돼. 최선

순자의 예 VS 공자의 예

 순자의 스승인 공자 역시 예를 아주 중요하게 생각했어. 그러나 공자가 말한 예와 순자가 말한 예는 다르단다.
 공자는 주나라의 예법을, 그러니까 옛날 좋았던 시절의 사회 질서를 회복하면 어지러운 세상을 바로잡을 수 있다고 주장했어. 그러나 순자는 공자보다 2백 년 이상 뒤에 태어난 사람이야. 그 사이에 주나라의 예법은 거의 다 사라졌고, 세상은 주나라의 예법을 회복하기란 도저히 불가능한 방향으로 흘러가고 있었지. 그래서 순자는 과거 주나라의 예법을 회복하는 것보다 변화하는 현실에 맞게 예를 새롭게 바꾸는 것이 더 낫다고 생각했어.
 어때? 순자가 공자보다 더 현실적인 철학자 같지 않니?

을 다해 예를 실천하여 악한 본성을 극복한 강한 군주여야 하지.

이런 순자의 생각은 좀 위험하기도 해. 인간의 동물적인 본능을 극복하기 위해 군주의 권력을 키워야 한다는 생각은, 자칫하면 군주가 백성을 길들이기 위해서는 독재를 해도 괜찮다는 식으로 정당화할 수 있으니까.

서영이는 순자의 성악설에 대해 어떻게 생각하니? 순자는 사람이 동물과 같은 본능을 지니고 태어나기는 했어도, 본능을 이겨 내면 도덕적인 사람으로 거듭날 수 있다고 믿었어.

그렇다면 영화 〈화려한 휴가〉를 생각해 보자. 순자의 말대로라면 계엄군은 동물과 같은 본능을 극복하지 못했기 때문에 시민들을 무참히 학살했다는 결론이 나와. 자신의 악한 본능을 '예'로 극복해 내지 못했기 때문이라고 말이야. 그렇지만 삼촌 생각엔 그런 식으로만 단정 짓기는 어려울 것 같아. 사람들이 자기 안의 본능을 스스로 극복하는 것이 정말로 가능한 건지도 좀 의문이고 말이야.

영화 〈밀양〉 이야기

순자의 성악설에 대해 이야기하다 보니 또 한 편의 영화가 생각나는구나. 이번에는 〈밀양〉이라는 영화 얘기를 해 볼게. 이런 내용이야.

남편을 잃은 한 여자가 아들과 함께 밀양으로 이사를 오면서 이야기가 시작돼. 아들은 동네 웅변학원을 다녔는데, 웅변학원 원장이 여자에게 돈을 뜯어낼 욕심에 여자의 아들을 유괴해. 결국 아이는 학원 원장인 유괴범의 손에 죽고 말았지.

아들을 잃은 여자는 큰 슬픔에 빠졌지만, 교회를 다니면서 삶의 희망을 되찾았어. 시간이 흘러 유괴범을 용서하기로 어렵게 마음을 먹고 교도소로 면회를 가지. 그런데 유괴범의 얼굴이 너무나도 평온해 보이는 거야. 여자를 보고 미소를 짓기까지 해.

"저는 하나님을 믿게 되었고, 하나님은 저의 죄를 용서해 주셨습니다."

여자는 자기는 용서한 적 없는 유괴범이 제멋대로 하나님께 용서를 받았다고 하는 말에 엄청 분노해. 용서를 해야 할 주체는 아이 엄마인 자신인데, 유괴범은 여자를 사건과 아무 상관없는 사람처럼 대하는 거야. 얼마나 가증스러워?

순자 말대로라면 유괴범은 자기 안에 있는 동물적인 본능을 예와 도덕으로 누르고 극복한 존재여야 해. 더 이상 나쁜 짓을 저지르지 않고 교도소에서 죄 값을 치르고 있으니까 말이야. 그러나 여자에게 유괴범은 여전히 악한 존재 그대로야. 아들이 살아 돌아온 것도 아니고, 미칠 듯이 괴로워하면서도 용서해 보려고 애썼던 자기 노력을 우습게 만들어 버렸으니까. 유괴범 때문에 고통받는 여자의 아픔은 그대로인데, 유괴범의 악한 본성은 극복되었다고 말할 수 있는 걸까? 서영이도 계속 고민해 보렴.

순자는 누구?

　순자는 기원전 298년경 중국 조나라에서 태어났어. 맹자가 죽기 십 년 전쯤에 태어난 사람이야. 본명은 '순황'이라고 해. 순자가 어린 시절과 젊은 시절에 어떻게 지냈는지는 기록이 남아 있지 않아서 알 수가 없어. 우리가 순자의 삶에 대해 알 수 있는 건 순자 나이 쉰 살부터야.

　순자는 이웃 제나라 왕의 초청을 받아 쉰 살에 제나라로 건너갔어. 직하학궁이라는 곳에 들어가서 일했지. 직하학궁은 공자와 맹자, 묵자, 노자, 장자 등 다양한 철학자의 사상을 따르는 학자들이 모여 함께 공부하고 토론하며 서로의 사상을 발전시키던 학교란다.

　순자는 직하학궁에서 좨주라는 벼슬을 맡았어. 지금으로 치면 토론회의 사회자 역할을 하는 직책이야. 순자는 수많은 토론을 진행하면서 다양한 사상을 접할 수 있었고, 여러 사상가들이 논쟁하는 것을 보면서 서로의 장단점을 비교해 볼 수 있었단다. 순자는 주어진 역할을 충실히 해냈던 모양이야. 좨주 벼슬을 세 번이나 맡았다는구나.

그러나 너무 잘났던 탓일까? 누군가 죄를 지었다고 거짓으로 고발하는 바람에 순자는 제나라에서 쫓겨나고 말아. 이후 여러 나라를 떠돌다 초나라에 들어가 어느 지방 고을을 맡아 다스리게 됐지. 얼마 뒤에는 그 벼슬에서도 물러나 공부하고 책을 쓰며 지냈고, 기원전 238년경 세상을 떠났단다.

공자와 맹자는 시간이 흐른 후 세상 사람들로부터 인정을 받았지만, 같은 유가 사상가였던 순자는 그렇지 못했어. 순자는 인간의 본성을 악하게 본다는 이유로 후대 철학자들에게 외면을 받았거든. 그건 악하다는 걸 '나쁘다'는 것으로 잘못 이해했기 때문일 거야.

순자는 유가 사상가 중에서 누구보다도 현실을 정확히 이해하기 위해 노력했던 철학자야. 그러기 위해서 유가 사상뿐 아니라 다른 여러 사상의 장점을 적극적으로 받아들였지. 그런 순자의 철학이 담긴 책이 바로 《순자》야. 현실에 대한 깊은 이해와 다양한 사상에 대한 존중을 통해 철학을 발전시킨 순자는 지금까지도 우리에게 큰 가르침을 주고 있어.

더 깊이
생각해 보자
3

교육에 대한
생각의 차이

맹자   VS   순자

맹자는 사람의 본성은 선하다고 했고, 순자는 사람의 본성은 악하다고 했어. 사람의 본성에 대한 생각이 달랐기 때문에, 교육에 대한 생각도 달랐단다.

우선 맹자의 교육에 대한 생각부터 살펴보자. 맹자는 사람의 본성은 선하기 때문에, 선한 본성을 잃지 않도록 꾸준히 노력해야 한다고 강조했어.

"사람들이 자주 다니는 산길은 조금만 다니면 길이 된다. 마찬가지로 한동안 다니지 않으면 잡초가 자라나 길을 막아 버린다."

맹자는 우리의 본성이 산길과 같다고 보았어. 부지런히 같은 길을 되풀이해서 오가면 다니기에 알맞은 산길이 생기듯, 우리의 마음도 꾸준히 갈고 닦으면 선한 본성을 계속 유지할 수 있다는 거지. 그러나 노력을 게을리 하면 산길에 잡초가 자라나 길을 막는 것처럼 선한 본성을 잃을 수도 있다고 생각했지. 그렇다면 선한 본성을 잃지 않기 위해서는 어떤 교육이 필요할까?

"다른 사람을 사랑하는데도 가까워지지 않으면 인드하게 대했는지를 반성하라. 남을 다스리는데 잘 다스려지지 않으면 지혜가 부족하지 않은지를 반성하라. 남에게 예로써 대하였는데 반응이 없으면 공경하게 대하지 않았는지를 반성하라. 실천을 했는데도 결과를 얻지 못하면 무엇이 잘못되었는지를 반성하라."

맹자는 꾸준히 자기반성을 해야 한다고 강조한 거야.

반면 순자는 사람의 본성은 악하기 때문에 악한 본성을 극복하기 위해 노력해야 한다고 생각했어.

"사람의 본성을 좇는다면, 반드시 서로 다투어 빼앗게 될 것이고, 분수를 모르고 이치를 어지럽히게 될 것이다. 그러므로 스승의 가르침이 꼭 필요하며, 그런 뒤에야 본성을 잘 다스릴 수 있을 것이다."

순자는 스승을 중요하게 여겼어. 본성이 악한 사람에게는 악한 본성을 극복할 수 있도록 도와줄 스승이 필요하다고 생각한 거지. 그렇다면 스승을 통해 배워야 할 것은 무엇일까? 그것은 바로 사회적 규범이야. 순자는 그걸 '예'라고 했어.

"먹줄이란 곧음의 표준이고, 저울은 공평함의 표준이며, 굽은 자와 둥근 자는 모꼴과 동그라미의 표준이듯이, 예란 사람들의 올바른 도의 극점이다. 그러니 예를 규범으로 삼지 않고 예를 잘 지키지 않으면 이것을 일컬어 법도 없는 백성이라 하고, 예를 규범으로 삼고 예를 잘 지키면 이것을 일컬어 법도 있는 선비라고 한다."

순자는 악한 본성을 극복하기 위해서는 '예'를 기준으로 삼아 열심히 노력해야 한다고 주장한 거야.

맹자는 개인적인 노력을 강조했어. 선한 본성을 잃지 않도록 스스로 꾸준히 노력하고 반성해야 한다고 생각했지. 반면 순자는 사회 환경을 중요하게 여겼어. 혼자 힘으로 악한 본성을 극복하는 것은 어렵기 때문에 스승의 도움이 필요하며, 사회적 규범(예)을 잘 따라야 한다고 강조했단다.

우리는 맹자와 순자의 교육 방법 중에서 어떤 것을 따라야 할까? 둘 다 따르는 것이 좋을 것 같아. 밖에서는 스승을 통해 사회적인 규범을 익히고, 집에 와서는 자신의 마음을 조용히 들여다보며 하루를 반성하는 게 좋지 않을까?

7 자기 자신부터 사랑하라

양주

삼촌,
어제 수업 끝나고 옆 반 아이들이랑 아이스크림 내기 축구 시합을 했어. 나도 선수로 뛰었지. 이겼냐고? 아니, 졌어. 그것도 2 대 8로. 진 건 괜찮은데, 애들이 나 때문에 졌다고 하는 건 못 참겠어. 처음에는 뛰고 싶은 애들만 나가자고 했어. 그런데 지는 반이 아이스크림을 사 주기로 하고 나니까 애들 분위기가 달라지는 거야. 여자 아이들은 빼고, 축구 좀 한다 싶은 남자 아이들만 선수로 뛰자는 거야. 그래서 내가 그랬지.
"야, 나도 축구 좋아해! 그리고 우리 반 절반이 여자인데, 남자들만 대표로 나가는 건 말이 안 되잖아? 여자 애들은 가만히 앉아서 응원이나 하라는 거야? 우리끼리 할 때는 남자, 여자 섞여서 재미있게만 했잖아. 지더라도 뛰고 싶은 애들은 뛰는 걸로 하자. 그래야 공평해. 져도 개운하고, 이기면 더 좋고!"
결국 내 말에 동의하는 아이들이 늘어났고, 우리 반 대표 선수는 여자 다섯, 남자 여섯으로 정해졌어. 그리고 선수 교체를 자주 해서 뛰고 싶어하는 애들은 모두 경기에 나설 수 있게 했지. 물론 옆 반 선수는 모두 남자였고, 결과는 말한 대로야. 시합이 끝나고 나서 몇몇 남자 아이들이 투덜거리더라고.
"쳇, 이게 뭐야. 돈만 깨지게 생겼네. 누구 땜에 말이야."
안 그래도 '내가 잘못 생각했나? 모두 즐겁자는 거였는데, 지고 나니 분위기도 엉망이잖아!' 싶어 미안한 참인데, 그런 얘길 들으니 기분이 더 그랬어. 화도 나고. 모두들 함께 경기를 한 건 좋았는데, 그 바람에 시합에 지고 말았으니까 내 생각이 틀렸던 걸까?

서영이가

7장 | 자기 자신부터 사랑하라

아무리 축구를 잘하는 여자 선수라도 남자 축구 팀에서 대등하게 뛰는 건 힘들어. 그러니까 남자 축구, 여자 축구 리그가 따로 있는 거 아니겠어? 그러니 서영이네 반과 옆 반의 축구 경기 결과도 사실 하기 전에 이미 정해져 있었던 셈이야.

서영이 생각대로 여자 아이들도 경기에 나서고, 축구를 못 하는 친구들도 모두 뛰었다가 지고 말았으니 아이들이 서영이를 원망할 수도 있을 것 같아. 옆 반도 서영이네 반과 같은 규칙을 적용하자고 설득해 여자 선수와 남자 선수의 비율을 똑같이 맞췄다면 더 좋았을 것 같아. 그랬다면 혹 졌더라도 서영이가 그런 원망을 듣지는 않았을 텐데 말이야.

서영이는 왜 여자 아이들도 축구 경기에 꼭 나가야 한다고 생각했을까? 서영이도 그렇게 하면 질 거라는 생각은 했을 것 같은데? 실력과 상관없이 뛰고 싶은 애들은 되도록 내보내자고 결정한 건 이기는 것보다는 경기 자체에 더 의의를 두었기 때문인 것 같아.

서영이 얘기를 듣다 보니 너랑 비슷한 생각을 했던 중국의 철학자 양주가 떠오르는구나. 양주의 철학을 공부하다 보면, 네가 왜 그랬는지 스스로 깨닫게 될 거야. 물론 기분도 한결 나아질 테고.

털 한 올로 세상을 이롭게 할 수 있다면?

양주는 '나'를 가장 중요하게 생각한 사람이야. 그래서 양주를 이기주의자라고 비난하는 사람들이 참 많았지.

"삼촌은 왜 나를 이런 이기주의자와 비슷하다고 말하는 거야? 기분 나

쁘게."

이런! 서영이가 화내는 소리가 귓가에서 울리는 것 같구나. 그러나 일단은 참고 삼촌이 하는 이야기를 좀 더 들어 보렴. 양주가 이기주의자라고 욕을 먹은 게 꼭 나쁜 것만은 아니라는 걸 알게 될 거야.

묵자의 제자 중에 금활리라는 사람이 있었는데 어느 날 양주를 찾아와서 이렇게 물었지.

"선생의 몸에 있는 털 한 올을 뽑아 세상을 이롭게 할 수 있다면, 그렇게 하시겠습니까?"

세상을 이롭게 한다는데, 털 한 올쯤 뽑는 게 뭐가 어렵겠어? 당연히 뽑을 수 있다고 대답했을 것 같은데 양주의 대답은 전혀 뜻밖이었어.

"내 몸에 난 털 한 올을 뽑아 세상을 이롭게 할 수 있다고 해도, 나는 절대 그렇게 하지 않겠소."

금활리 禽滑釐. 활려, 또는 골리, 굴리라고도 한다. 전국시대 초기 사람으로, 처음에는 자하子夏에게 배우다가, 나중에는 묵자의 제자가 되었다. 초나라가 송나라를 공격하지 못하게 막을 때 묵자와 그 제자 3백 명과 함께 송나라의 성을 지켰다.

털 한 올만 뽑으면 세상을 이롭게 할 수 있다는데, 그렇게 쉬운 일조차 양주는 왜 못 한다고 한 걸까? 그러니 세상 사람들이 저만 아는 이기주의자라고 비난을 쏟아 부었나 봐.

그런데 서영아, 금활리와 양주의 이야기는 이게 끝이 아니었대. 양주를 싫어하는 사람들이 양주의 사상을 깎아 내리려고 그 뒷이야기는 뚝 잘라 먹은 거야. 뒷이야기를 들으면 서영이도 고개를 끄덕일걸!

 ## 아무리 작은 것도 가벼이 여길 수 없다

금활리는 양주와 헤어진 후 양주의 제자인 맹손양을 만났어. 그러고는 맹손양에게 그의 스승 양주를 비판하며 이렇게 말했지.

"당신 스승 양주께는 참말이지 실망이오! 세상을 구할 수 있다는데, 그 하찮은 털 한 올조차도 내놓을 수 없다니, 좀 너무하지 않소?"

그러자 맹손양이 말했어.

"선생께서는 우리 스승님의 생각을 제대로 이해하지 못했군요."

금활리가 궁금한 표정을 짓자, 맹손양은 말을 계속했어.

"제가 스승님의 뜻을 대신 말씀드리죠. 만약 어떤 사람이 돈 1만 전을 주면서 한 대만 때리겠다고 한다면 허락하겠습니까?"

금활리가 듣자마자 대답했어.

"1만 전이라면 어마어마하게 큰돈인데, 한 대쯤이야 당연히 참지요."
맹손양이 다시 물었어.
"그렇다면 자기 나라를 내어 줄 테니 다리를 자르라고 하면 어쩌시겠습니까?"
금활리는 머뭇거리며 대답을 못 해. 그러자 맹손양이 말했지.
"털은 피부와 비교하면 참으로 하찮은 것입니다. 그렇지 않습니까? 그런데 이 피부라는 것도 다리에 비한다면 하찮을 뿐입니다. 그렇지 않습니까? 여기까지는 누구나 같은 생각일 겁니다. 사람들은 털보다는 피부가, 피부보다는 다리가 더 중요하다고 생각하니까요."
금활리가 고개를 끄덕이자, 맹손양이 말을 이어 나갔어.
"그러나 털이 없다면 과연 피부가 있을 수 있을까요? 또 피부가 없다면 사람의 다리가 있을 수 있을까요? 털 한 올은 사람 몸에서 만 분의 일도 되지 않습니다. 피부나 다리에 비하면 너무나 하찮은 것이지요. 그러나 털이 없으면 피부도 다리도 있을 수 없습니다. 그러니 털 한 올이라도 가볍게 여길 수 없는 것이 당연한 것 아니겠습니까?"

 ## 양주는 이기주의자인가?

제자 맹손양의 입을 통해 양주의 생각을 들어 보니 어때? 양주는 '털 한 올'의 이야기를 통해서 부분을 전체보다 가볍게 여겨서는 안 된다는 말을 하고 싶었던 거야.

물론 양주도 전체의 이익이 부분의 이익보다 크고 중요하다는 건 인정했어. 그래서 "털보다 피부가 더 중요하고 피부보다 다리가 더 중요하다"고 말했지. 그러나 부분의 이익이 별 게 아니라고 해서 그냥 쉽게 무시하면 안 된다는 얘기를 하고팠던 거야.

한 나라가 있다고 생각해 보자. 그 나라에는 수많은 백성이 있어. 백성 한 사람 한 사람의 이익은 나라 전체의 이익에 비하면 아주 작은 일부분일 뿐이야. 그러나 백성의 이익이 나라의 이익보다 덜 중요하다고 해서, 백성 한 사람 한 사람의 이익을 무시하면 어떻게 될까? 만약 그렇게 무시한다면 백성 모두가 손해를 보게 될 거야. 그런데 백성이 손해 보는 것만으로 끝날까? 아니야. 나라의 구성원인 백성 한 사람 한 사람이 모두 손해를 보면, 결과적으로 나라 전체도 손해를 보게 될 테니까 말이야.

양주 역시 춘추전국시대라는 혼란한 시대를 살았던 사람이야. 다른 철학자들처럼 어떻게 하면 어지러운 세상을 바로잡을 수 있을까 고민하던 끝에 이런 결론을 내렸어.

"아무리 사회 전체가 중요하다 해도 개인을 희생시키는 것은 옳지 않다. 만약 개인을 희생시킨다면 사회 전체도 망하고 말 것이다."

양주는 이런 생각을 발전시켜 다음과 같은 결론을 내렸어.

"백성 한 사람 한 사람을 소중히 여겨야 세상이 평화로워진다."

그러니 양주를 이기주의자라고 비난하는 건 섣부른 판단인 셈이지.

양주가 등장하기 전까지만 해도, 사회 전체를 위해서라면 개인은 희생되어도 좋다고 주장하는 사람이 많았어. 나라를 위해서는 백성이 희생해야 한다는 주장이었지. 그래야만 혼란한 시대를 끝낼 수 있을 거라고 생각했으니까.

그러나 현실은 달랐어. 사회 전체를 위해 개인이 희생을 하는데도, 나라를 위해 백성이 희생을 하는데도, 희생하면 희생할수록 어지러운 세상은 바로 잡히기는커녕 더 어지러워졌거든.

양주에게 삶이란?

삶 자체를 수단이 아닌 목적으로 삼아야 한다는 양주의 생각을 엿볼 수 있는 글이 하나 있어.

"사람이 살 수 있는 시간은 백 년도 채 안 된다. 그런데 그중에는 어려서 엄마 품에 안겨 있을 때와 늙어서 힘없을 때가 절반이다. 또 그중 절반은 활동을 할 수 없는 밤 시간이다."

양주는 인생이 무척 짧다는 것을 강조하고는 계속 말을 이었어.

"그렇다면 사람은 무엇을 해야 하는가? 무엇을 즐겨야 하는가? 맛있는 음식과 좋은 옷과 음악을 즐겨야 한다. 즐길 수 있는 형편이 된다면 말이다. 이런 즐거움을 제대로 누리지 못한다면 형틀에 매여 있는 죄수와 무엇이 다르겠는가? (…) 옛날 사람들은 사람의 삶이란 잠시 머무는 것임을 알았다. 그러므로 마음에 따라 움직이면서 자연을 어기지 않았고, 자신이 좋아하는 것을 몸이 즐거워한다면 피하지 않고 즐겼다. 그리고 본성을 따라 노닐며, 만물이 좋아하는 일을 거스르지 않고, 즐길 수 있는 것은 최대한 즐겼다."

한 사람의 삶은 그 자체로 목적이어야 한다

양주는 사회와 개인, 나라와 백성의 올바른 관계를 이야기하는 것에 머물지 않았어. 한 사람, 한 사람의 삶이 얼마나 소중한 것인지를 사람들에게 가르쳐 주었지.

"한 사람의 삶은 다른 무언가를 위한 수단이 되어서는 안 된다. 한 사람의 삶은 그 자체로 목적이어야 한다."

양주의 사상을 한마디로 요약하면 이렇게 말할 수 있을 것 같아.

"세상을 사랑하고자 한다면 자기 자신부터 사랑하라!"

그런데 맹자 같은 유가 사상가들은 양주를 이기주의자라 비판했어. 양주의 말대로 하면, 세상 모든 사람들이 너도나도 자기 이익만 챙길 것이고, 결국에는 사회가 더욱 혼란에 빠지고 말 거라고 말이야. 결국 양주의 사상은 유가 사상이 중국의 통치 이념이 된 뒤에는 거의 잊히고 만단다.

이제 삼촌이 왜 서영이를 양주와 비슷하다고 했는지 알겠니? 반 친구들에게 비난을 받기는 했지만 서영이는 나름대로 논리를 가지고 아이들을 설득했던 거야. 반의 승리를 위해서라는 이유로 개인이 희생되어서는 안 된다는 생각을 분명히 갖고 있었으니까. 그것이 반 친구들 마음을 다치게 하지 않으면서도 좋은 시간을 보낼 수 있는 길이라고 생각했던 거잖아.

'서영이네 반'이 '옆 반'과 축구 시합을 해서 이기는 것도 물론 중요해. 게다가 아이스크림이 걸려 있는 시합이었으니까. 그러나 '서영이네 반'은 수많은 아이들로 이루어져 있어. 그 아이들 하나하나는 작은 존재일지 모르지만, 그 아이들 하나하나가 모였기에 '서영이네 반'이 있을 수 있는 거야. 그러니까 어느 한 사람도 빼놓을 수 없을 만큼 한 사람 한 사람이 모두 소중한 존재들이지.

서영이 덕분에 축구 경기에서 뛸 수 있었던 친구들에게 서영이는 무척이나 고마운 친구일 거야. 혼자라면 용기를 내지 못했을 테니까. 비록 경기에서는 졌지만, 그 친구들도 반 구성원으로서 신 나게 뛸 수 있었으니 후회는 없을 거야.

 ## 서민이 있어야 나라도 있는 법

축구 시합 이야기를 해서 그런지, 2002년 한일월드컵 생각이 나는구나. 2002년이면 서영이가 두 살 때인가? 그해 6월은 지금 생각해도 가슴이 뭉클해지곤 한단다. 대한민국 축구 대표 팀의 기적과도 같은 4강 진출! 전국을 가득 메웠던 붉은 물결과 함성!

그러나 사람들의 환호성에 묻힌 채 함께 기뻐하지 못하는 사람들도 있었어. 아니, 기쁨을 누리기는커녕 피눈물을 흘리며 좌절을 맛본 사람들이 있었지. 바로 우리가 거리에서 늘 만나게 되는 노점상들이야. 당시 정부는 월드컵 기간 동안 노점상의 영업을 금지했어. 하루라도 장사를 하지 못하면 먹고살 길이 막막한 이들인데, 한 달이나 계속된 한일월드컵 때문에 노점상을 하던 이들은 경제적으로도, 정신적으로도 엄청난 어려움을 겪어야 했지. 정부의 논리는 이랬어.

"온 국민이 더욱 깨끗한 환경에서 세계인의 축제 월드컵을 즐기기 위한 어쩔 수 없는 희생이다."

그런데 그 '온 국민' 속에 노점상은 왜 포함되지 않는 거지? 노점상은 대한민국 국민이 아니란 말이야?

"서민들은 죽어도 상관없다는 말인가? 서민이 있어야 나라도 있는 법인데……."

당시 한 노점상 아저씨가 했던 이 말을 되새길 때마다, 마냥 즐거워했던 그때 내 모습이 부끄럽게 느껴져. 그리고 양주가 했던 말이 떠올라.

"백성이 존재해야 나라도 존재할 수 있다. (…) 한 사람의 삶은 다른 무언가를 위한 수단이 되어서는 안 된다. 한 사람의 삶은 그 자체로 목적이어야 한다!"

양주는 누구?

난 이기주의자 아니야!

　양주는 기원전 440년경 중국 위魏나라에서 태어났어. 그러나 그 사실 말고는 정확하게 알려진 게 거의 없단다. 게다가 양주는 공자나 맹자처럼 자신의 사상을 담은 책을 남기지도 않았어. 원래 쓰지 않은 건지, 쓰긴 썼는데 사라져 버린 건지는 알 수 없지만 말이야.

　그러나 기원전 360년경 양주가 세상을 떠난 후에, 양주가 생전에 했던 말들이 다른 철학자들을 통해 기록으로 남겨져. 그렇게 후대에 전해진 덕분에, 지금 우리는 양주의 철학에 대해 알 수 있게 된 거란다.

　당시만 해도 양주는 공자나 맹자보다 인기가 더 많았다는구나. 앞에서 묵자에 대해 말했지? 양주는 묵자와 함께 당시에 무척 인기가 많은 사람이었어. 그 사실은 맹자의 사상이 담긴 책《맹자》를 통해 알 수 있어. 맹자가 이 책에서 "양주와 묵자의 사상이 온 세상에 가득 찼다."며 양주와 묵자를 질투할 정도였단다.

그런데 한 가지 이상한 거 못 느꼈니? 그래! 바로 양주의 호칭이야. 우리가 살펴본 다른 철학자들은 모두 성에 '자子'가 붙어 있어. 옛날 중국에서는 존경하는 선생님을 높여 부를 때 '자'를 붙이는 관습이 있다고 했지? 공구는 공자, 맹가는 맹자 등으로 부르지. 그런데 왜 양주만은 '양자'라고 하지 않았을까? 살아 있을 때 그렇게 따르는 사람이 많았던 양주가 도대체 왜?

사실 양주를 '양자'라고 부르는 사람도 있긴 있어. 그러나 다른 철학자들에 비하면 그렇게 부르는 사람이 많지가 않아. 왜 그럴까? 그건 양주가 죽은 뒤에 양주의 철학이 좋은 평가를 받지 못했기 때문인 것 같아. 많은 사람들이 양주를 이기주의자로 오해했으니까.

양주는 어쩌면 너무 일찍 태어난 사람일지도 몰라. "한 사람의 삶은 다른 무언가를 위한 수단이 되어서는 안 된다. 한 사람의 삶은 그 자체로 하나의 목적이 되어야 한다."는 양주의 철학은 오늘날조차도 실천하기가 쉽지 않은 생각이니까 말이야.

더 깊이 생각해 보자 4

사랑에 대한 생각의 차이

묵자   VS   양주

묵자와 양주는 철학적으로 정반대 주장을 폈어. 묵자는 차별 없는 사랑을 주장했지? 양주는 자기 자신부터 사랑하라고 했고.

묵자는 겸애를 실현하기 위해서는 남을 위해 자신을 희생할 수 있어야 한다고 생각했어. 그래서 묵자는 "천하를 이롭게 하기 위해 돌아다니느라 맑은 날에는 온몸이 땀으로 범벅이 되고, 비 오는 날에는 진흙투성이가 되었으며, 머리털이 다 빠져 버릴 정도였다."고 했어. 반면에 양주는 정강이 털 하나 빠질 일도 하지 않겠다고 선언했지.

다시 말하면, 묵자는 털 하나 남지 않을 정도로 철저히 남을 위해 일했고, 양주는 털 하나 건드리지 않을 정도로 철저히 자신을 위해 살았다는 거야.

이렇게 보면, 묵자와 양주 둘 다 너무 극단적인 사람 같아. 두 사람의 철학 모두 실천하기 어려워 보여. 인간에게 '완벽한' 차별 없는 사랑이 가능할까? 모든 사람이 자기 자신만을 사랑한다면 세상이 유지될 수 있을까?

그래서인지 묵자와 양주의 철학은 춘추전국시대가 끝나고 중국이 통일된 뒤에 사라지고 말아. 유가 사상가들의 공격을 받아서 말이야. 특히 맹자가 앞장서서 묵자와 양주를 비판했단다.

"양주는 '나를 위해야 한다(爲我)'고 주장하는데, 이것은 군주를 부정하는 것이다. 묵자는 '차별 없이 사랑해야 한다〔兼愛〕'고 주장하는데, 이것은 아버지를 부정하는 것이다. 아버지를 부정하고 군주를 부정하는 것은 금수와 다를 바가 없다."

'나를 위하는 것'이 군주를 부정하는 것이고, '차별 없이 사랑하는 것'이 아버지를 부정하는 것이라는 맹자의 말이 맞는 것 같아? 그렇다면, 그건 우리가 여전히 유가 사상에 담긴 충성과 효도의 관념에 푹 젖어 있다는 증거일 거야.

그러나 맹자의 시선으로 묵자와 양주를 비판해서는 안 될 것 같아. 묵자와 양주의 철학은 먼 옛날 춘추전국시대 때보다 21세기 오늘날에 더욱 의미 있는 철학일지도 모르니까 말이야.

우리나라는 민주주의 제도로 이루어진 국가야. 그렇지만 현실에서는 민주적이지 못한 일들이 많이 벌어지고 있어. 사회적 불평등과 개인의 존엄성 침해 문제가 끊임없이 나타나지. 이런 문제를 마주할 때마다 묵자와 양주를 떠올려 보면 어떨까?

사회적 불평등 문제의 해결 방법을 찾을 때는 묵자의 철학을 생각해 보고, 개인의 존엄성 침해 문제가 생길 때는 양주의 철학을 떠올려 보는 거지. 너무나도 극단적인 두 사람의 철학이 지금 우리의 문제를 푸는 데 중요한 열쇠가 될 수도 있지 않을까?

8 강력한 통치자가 필요하다

한비자

삼촌,

어제 사회 시간에 '이웃 사람들의 직업'을 주제로 발표를 했어. 조별 발표였는데 준비하는 내내 얼마나 힘들었는지, 발표 마치고 나니 진이 다 빠지더라.

우리 조는 모두 다섯 명이었어. 조장도 뽑고, 어떻게 준비할 건지 의논하려고 발표 일주일 전에 모였어. 먼저 조장을 뽑는데, 애들이 다 나더러 하라는 거야. 힘들 것 같았지만 분위기가 그래서 어쩔 수 없이 내가 맡았지.

그런데 애들이 조장만 뽑아 놓고는 아무것도 안 하려는 거야. 나더러 다 알아서 하래. 자료 조사 때문에 만나자고 해도 제시간에 나오는 애가 없어. 어떻게 준비할지, 누가 발표할지 의논하자고 해도 다들 꿀 먹은 벙어리야. 그러니 어떡해. 창식이는 인터넷 조사, 은별이는 직업 조사 나갔을 때 질문할 내용 정리, 은효랑 미영이는 인터뷰할 이웃 어른들 미리 섭외, 발표는 내가 하기로 정하고 애들한테 무조건 따르라고 했지.

그랬더니 애들이 엄청 투덜거려. 왜 은별이만 쉬운 일 시키는 거냐, 둘이 사귀냐, 발표자는 아무것도 않고 발표만 하면 그만이냐, 현장에 나가는 건 모두 다 함께일 텐데 그냥 모여서 다같이 하자……. 삼촌, 진짜 미치겠더라.

"그럼 어쩌자는 거야?"

결국 나도 폭발하고 말았어. 그러고는 거의 다 나 혼자 준비해 발표를 하고 말았지. 혼자 준비했으니 발표 내용도 좋았을 리가 없지. 정말이지 힘들고 짜증나는 일주일이었어.

건우가

건우야, 정말 힘들었겠다. 담임 선생님이 내준 과제에 아이들은 왜 그렇게 시큰둥했을까? 게다가 함께하는 일에 왜 그런 반응이었던 거지? 다섯 명이 한 조를 이루어서 하는 공동 발표라서, 누군가 한 사람이라도 열심히 안 하면 다른 아이들이 힘들어질 게 뻔한 상황인데 말이야.

친구들이 엄청 야속하게 느껴지는 게 당연해. 그렇지만 건우야, 조장인 너는 아무 책임이 없을까? 섭섭하게 들리겠지만 아이들이 힘을 모으도록 설득하지 못하고, 조별 과제를 혼자 해치워 버린 건우 잘못도 큰 것 같아. 아이들이 투덜거리고 불만을 얘기하는 게 짜증이 나더라도 건우 혼자 앞서 나가지 말고 조금 기다려 주었더라면 어땠을까? 역할 분담할 때 시간이 걸리고 결정이 어려웠더라도 말이야. 선생님이 개인 과제가 아니라 조별 과제를 내준 건, 바로 그런 걸 배우게 하고 싶으셨기 때문일 거야.

스포츠 경기를 생각해 보렴. 경기에서 졌을 때 가장 비판을 받는 사람은 경기장 안에서 뛴 선수들이 아니라 감독이란다. 그러니 친구들을 원망하기 전에 네가 했어야 할 역할에 대해 먼저 돌아보면 좋겠어.

어느 조직이든 규모가 크던 작던 상관없이, 지도력은 무척 중요하단다. 중국의 철학자 중에서도 지도자의 통솔력을 강조한 한비자라는 철학자가 있었어. 지금부터 한비자의 말을 들어 보자꾸나.

 ## 군주의 조건은?

한비자도 공자처럼 춘추전국시대 때 사람이지만, 혼란한 세상에 대해 내놓은 해결책은 공자와 많이 달랐어. 공자는

세상이 혼란해진 건 사회질서와 신분 질서가 무너졌기 때문이라고 했잖아? 그러면서 예를 회복하고 인을 강조하여 도덕 정치를 펴야 세상이 안정될 거라고 말했고. 그런 공자와 달리 한비자는 지도자가 강력한 통솔력을 보여 줘야 사회가 안정될 수 있다고 주장했단다.

두 사람의 철학은 왜 달랐던 걸까? 가장 큰 이유는 두 사람 사이에 3백 년이라는 시간 차이가 있기 때문이야. 한비자가 살던 시대는 공자 때보다 훨씬 더 혼란스러웠어. 가정과 나라, 임금과 신하, 부모와 자식 등 모든 관계가 엉망이었지. 누구든 힘이 센 자가 이기는 약육강식의 시대가 되었단다.

한비자는 오직 강력한 군주만이 이 어지러운 시대를 극복할 수 있다고 생각했어. 공자처럼 예와 인을 강조하고 도덕 정치를 펴는 정도로는 어림도 없다고 생각했던 거야.

한비자는 순자의 제자야. 순자의 성악설을 공부했지. 순자는 악한 본성

을 극복하기 위해서는 강력한 군주가 필요하다고 했는데, 한비자는 스승의 생각이 옳다고 여겼어. 그래서 순자의 철학을 이어받아 강력한 군주가 필요하다고 주장한 거란다. 한비자는 주로 이런 고민을 했어.

'군주는 어떤 계략을 짜고 어떤 대책을 세워야 하나? 군주는 또 무엇을 조심해야 하나? 군주의 눈과 귀가 막히지 않도록 하려면 어떻게 해야 하나? 또 어떻게 하면 권력을 독차지할 수 있을까? 군주의 자리를 빼앗기지 않으려면 어떻게 해야 하나?'

그러니 통치자들은 한비자의 철학에 환호할 수밖에 없었겠지?

과거가 아닌 현재를 기준으로 삼아라

군주가 나라를 다스리는 방향은 두 가지가 있어. 하나는 옛날 훌륭한 왕들이 펼쳤던 정책을 살피고 그것을 거울 삼아 나라를 다스리는 거야. 또 하나는 지금의 시대 흐름을 잘 파악해서 거기에 맞게 나라를 다스리는 거야.

한비자는 군주에게 어떤 방법을 이야기했을까? 바로 두 번째 방법이었어. 군주들이 자신의 주장을 받아들이게 하기 위해 한비자는 이런 이야기를 들려주었단다.

"옛날 송나라에 한 농부가 살고 있었습니다. 하루는 농부가 밭을 갈고 있는데, 토끼 한 마리가 지나가다가 밭 가운데에 있는 그루터기에 부닻혀 그만 목이 부러져 죽어 버렸지요. 농부는 옳다구나 싶었습니다. 그때부터 쟁기를 놓고 그루터기만 지키고 있는 거예요. 다른 토끼가 거기 와서 부딪혀 죽기를 기다리면서요. 그러나 농부는 어떤 토끼도 다시 얻지를 못했고, 결국 사람들의 웃음거리가 되고 말았습니다."

참으로 어리석은 농부지? 이 이야기를 사자성어로 '수주대토守株待兎'라고 해. "그루터기를 지키며 토끼를 기다린다"는 말인데, 한 가지 일에만 매달려 발전할 줄 모르는 어리석은 사람을 가리킬 때 주로 쓰는 말이란다.

그럼 한비자는 왜 이 이야기를 군주들에게 들려준 걸까? 옛날 훌륭한 왕들의 정책을 따라야 한다고 주장하는 사람들을 비판하고 싶었기 때문이야. 그런 사람들은 그루터기 앞에 앉아 토끼가 죽기를 기다리는 농부와 다를 게 없다고 생각한 거지.

한비자가 주장하고 싶었던 건 바로 이거야. 토끼를 잡고 싶다면 그루터기에 부딪힌 토끼, 즉 옛날 왕들의 정책 같은 건 빨리 잊어야 한다는 거지. 토끼가 어떤 특성을 지닌 동물인지 파악해서 쫓으러 가든지 덫을 놓든지 해야 토끼를 잡을 수 있듯이, 지금의 정세가 어떻게 흘러가는지 잘 들여다보아야 나라를 잘 다스릴 수 있을 거라는 주장이지.

어떻게 다스려야 하나?

그럼, 군주는 어떤 방법으로 나라를 다스려야 할까? 한비자는 나라를 다스리는 방법으로 법을 강조했어. 또 법을 잘 시행하려면 상과 벌을 잘 운용해야 한다고 주장했지.

"훌륭한 군주는 상을 내리는 조건을 잘 드러내어 신하들이 힘써 실천하도록 하고, 때로는 엄혹한 형벌로 신하들을 위엄 있게 다스린다. 상과 벌을 잘 시행하면 백성들은 목숨을 다해 일을 할 것이고, 백성들이 목숨을 다해 일을 한다면 군대가 강해질 것이다. 그러면 군주의 위세는 높아질 것이다."

한비자는 법을 잘 지키는 자에게는 상을 주고, 명령을 어기는 자에게는 벌을 주는 것이 통치자가 해야 할 가장 중요한 일이라고 했어. 그러면 나라가 부강해질 수 있고, 나라가 부강해지면 그 혜택은 국가의 구성원인 백성들도 함께 누릴 수 있게 될 테니까!

한비자의 주장은 춘추전국시대 통치자들에게 큰 환영을 받았어. 특히 진나라 왕에게 큰 영향을 끼쳤지. 진나라 왕은 한비자의 철학을 정치에 반영하여 나라를 부강하게 하고 군사력을 기르는 데 힘썼어. 그래서 결국 춘추전국시대를 통일하게 된단다. 이 진나라 왕이 바로 그 유명한 진시황제야.

건우야, 이제 다시 생각해 보렴. 이번 주제 발표 때 건우 넌 조장으로서 어떤 모습이었지? 강력한 통솔력이란 게 그저 시키는 대로 말을 잘 듣게 만드는 것만은 아닐 거야. 지도자 혼자 앞서 나가는 것도 물론 좋은 지도력이 아니겠지.

주제 발표라는 목적을 달성하기 위해서 무엇을 가장 중요하게 생각해야

상과 벌의 중요성

한비자는 상과 벌의 중요성을 일깨우기 위해 이런 말을 했어.

옛날 송나라의 한 신하가 군주에게 이렇게 말했습니다.
"백성들은 상 받는 것을 좋아하고 벌 받는 것은 싫어합니다. 그러니 상을 주는 것은 전하께서 직접 하시고, 벌을 주는 것은 제가 맡도록 하겠습니다."
신하의 말이 그럴듯하여 군주는 흔쾌히 그 말을 따르게 되었지요. 그러나 결과는 생각과는 달랐습니다. 백성들은 자신들에게 상을 주는 군주보다는 벌을 주는 신하를 더 두려워하고 따르게 된 겁니다. 결국 1년도 되지 않아 그 신하는 백성들의 지지를 받아 군주를 죽이고 나라를 빼앗고 말았습니다.

군주에게 상과 벌은 나라를 다스리는 가장 큰 무기야. 그런데 이 군주는 신하의 감언이설에 빠져 그 무기를 나누어 주고 말아. 그 바람에 목숨도 잃고 나라마저 빼앗기게 되지. 한비자는 이 얘기를 통해 군주가 상과 벌을 내리는 권력을 내놓아서는 절대 안 된다고 주장하고 있어.

8장 | 강력한 통치자가 필요하다

할까? 또 아이들이 적극적으로 준비에 나서도록 하려면 어떻게 해야 할까? 어떻게 하면 아이들의 역할을 합리적으로 나눌 수 있을까? 이런 고민을 더 했더라면 너희 조의 주제 발표가 지금보다는 더 나은 결과를 얻을 수 있었을 것 같아.

 ## 강력한 지도력이 필요한 까닭

한비자의 철학은 가족이나 학교, 직장 어디에서나 통용될 수 있는 것이어서 잘 새겨 보는 게 좋아. 지도자가 어떻게 이끌어 가느냐에 따라 가족 구성원, 학생, 직원들이 저마다 자기가 속한 공간에서 자기 역할을 제대로 할 수 있는지 없는지 결정되곤 하니까.

그러나 한비자의 사상을 대할 때 조심해야 할 것이 있어. 강력한 지도자와 지도력이 중요하다는 한비자의 사상을 잘못 해석해서 독재를 합리화하는 데 이용할 수도 있기 때문이지. 특히 한 국가의 지도자가 한비자의 사상을 그렇게 이용하면 그 나라는 어떻게 될까? 그 나라는 독재국가가 되고, 그 지도자는 역사에 독재자로 이름을 남기게 될 거야. 당연히 국민 전체의 삶이 위태로워질 거고, 결국은 국가도 큰 어려움에 빠질 수밖에 없겠지.

불과 삼사십 년 전 우리나라가 바로 그랬어. 독재자가 지도자로 있는 독재국가였지. 국가 통치자들이 국가 안보, 경제 발전이라는 목적을 이루어야 한다면서 국민의 자유를 억압하는 것을 아무렇지도 않게 여겼어. 민주화를 위해 노력한 수많은 사람들이 감옥에 갇히고, 하고픈 말을 못 하고, 때로는 독재 정권의 칼날에 죽어 가기도 했단다.

한비자가 살아 있었다면, 그래서 수많은 사람들이 독재 정권 아래에서 고통 받는 모습을 보았다면, 어떤 생각을 했을까? 자신의 철학을 오해한 사람들에게 이런 말을 하지 않았을까?

"강력한 지도력이 필요한 이유는 바로 구성원들의 행복을 위해서다."

한비자는 누구?

한비자는 기원전 280년경 중국 한나라에서 태어났어. 왕족 출신이었다는구나. 성은 한, 이름은 비.

한비자는 어렸을 때부터 말을 더듬었어. 어른이 되어서도 마찬가지였지. 그러나 글재주는 무척 뛰어났던 모양이야. 한비자는 자신의 사상을 10여만 자로 담아《한비자》라는 책을 썼단다.

《한비자》가 완성될 무렵, 춘추전국시대의 혼란은 날이 갈수록 심해졌어. 제후국 사이의 전쟁은 더욱 격렬해져서 강한 제후국 일곱 개만 살아남았지. 한나라도 그 일곱 나라 중 하나였어. 그러나 다른 제후국보다는 약한 편이었지. 한비자는 한나라 왕에게 상소를 올렸어.

"군주이시여! 법과 제도를 바로 세워야 합니다. 그래야만 부국강병을 이룩할 수 있습니다."

그러나 한나라 왕은 한비자의 말을 듣지 않았고, 한비자는 좌절할 수밖에 없었어. 그 무렵 한비자의 책이 진나라 왕(훗날의 진시황제)에게도 전해졌어. 진나라 왕은 이 책을 읽고 크게 감탄했단다.

"이 책을 쓴 자와 나랏일을 의논한다면 죽어도 한이 없겠구나!"

얼마 후 진나라 왕이 한나라를 공격했어. 다급해진 한나라 왕은 화친을 요청하려고 한비자를 진나라에 사신으로 보냈지. 이때 진나라 왕은 한비자를 돌려보내지 않고 신하로 삼았단다.

그러나 이사라는 신하가 한비자를 헐뜯었어. 이사는 젊은 시절 한비자와 함께 공부했던 친구야. 두 사람 모두 순자를 스승으로 모셨지. 이사는 한비자의 능력이 얼마나 뛰어난지 잘 알고 있었어. 한비자가 진나라 왕에게 등용되면 자기 자리가 위태로울 거라고 생각했지. 그래서 진나라 왕에게 이렇게 말했어.

"한비자는 뛰어난 인재이나, 한나라 왕족입니다. 겉으로는 진나라를 위해 일하는 척하면서 뒤로는 몰래 한나라를 도울 것입니다."

진나라 왕은 이사의 말을 듣고는 한비자를 감옥에 가두고 말아. 얼마 지나지 않아 진나라 왕은 한비자를 가둔 걸 후회하고 풀어 주라고 했지만, 그때는 이미 이사가 한비자에게 독약을 보내 스스로 목숨을 끊게 한 뒤였어. 그때가 기원전 233년이었단다.

한비자는 결국 한나라에서도 진나라에서도 제대로 자신의 뜻을 펴 보지 못한 채 억울하게 죽고 말았어. 그러나 한비자가 죽은 뒤에도 한비자의 철학이 담긴 《한비자》는 진나라가 중국을 통일하는 데 큰 밑거름이 되었단다.

더 깊이
생각해 보자
5

법에 대한
생각의 차이

공자, 묵자   VS   한비자

공자와 묵자는 사랑을 중요하게 여겼어. 두 사람이 말하는 사랑의 의미가 많이 다르기는 했지만 말이야. 그런데 공자의 사랑이든 묵자의 사랑이든 둘 다 전혀 쓸모가 없다고 주장한 사람이 있었어. 바로 한비자야. 한비자가 공자의 유가 사상과 묵자의 철학을 어떻게 비판했는지 한번 들어 볼까?

"지금 유가와 묵가는 모두 말하기를, '선왕은 천하를 두루 사랑해 마치 백성을 부모처럼 대했다'고 한다. 그래서 '형벌을 맡은 관리가 죄인을 처형하면 군주가 눈물을 흘렸다'고 한다."

여기까지만 보면, 유가와 묵가의 말에 아무 문제가 없는 것 같아. 선왕이 백성을 사랑해서, 백성과 아픔을 함께 했다고 볼 수 있으니까. 그러나 한비자의 분석은 달랐어.

"선왕은 백성을 부모처럼 사랑하면서 왜 백성을 처형했나? 죄를 지은 백성은 선왕이 부모처럼 사랑하지 않아도 되는 존재란 말인가?"

한비자는 공자와 묵자를 비판하면서 이렇게 단정 지었어.

"사랑이란 이처럼 쓸모없는 것이다. 아무리 아끼는 백성이라 해도 죄를 지을 수는 있는 것이다."

한비자의 말을 다시 정리해 볼까?

"당신들(유가와 묵가) 생각대로 선왕은 백성들을 사랑했다. 그렇다면 애초에 죽이지 말았어야 했다. 죽여 놓고 눈물을 흘린다고? 그건 사랑이 아니다. 백성을 사랑한다고 포장해서 드러낸 것뿐이지. 그러니까 사랑 어쩌고 하면서 떠들어 댈 필요 없다. 죄를 지었으면 그에 맞게 벌을 내리면 그만이지."

그렇다면 처벌의 기준은 어떠해야 할까? 한비자의 생각을 엿볼 수 있는 이야기를 하나 더 들려줄게.

"초나라의 어떤 사람이 자기 아버지가 양을 훔쳤다며 관리에게 신고를 했다. 초나라 관리는 아버지를 신고한 것은 패륜이기 때문에 아들을 불효죄로 처형했다. 한편 노나라의 어떤 사람이 전쟁터에 나갔다가 세 차례나 도망쳤다. 공자가 그 까닭을 묻자, 자신이 죽으면 늙은 부모를 봉양할 사람이 없기 때문이라고 했다. 공자는 그 사람의 효행을 칭찬하며 높은 관직을 주었다."

두 나라는 이후 어떻게 되었을까?

"초나라에서는 군주를 위해 부모를 고발하는 일이 더는 생기지 않았고, 노나라 백성들은 전쟁에 나가 쉽게 항복하거나 달아났다. 군주가 백성의 덕행을 존중하여 나라의 복을 구하고자 하면 그 뜻을 거의 이루지 못할 것이다."

한비자는 처벌의 기준에 대한 생각도 공자와 정반대였어. 부모에 대한 효도보다는 군주에 대한 충성, 개인보다는 나라를 우선에 두어야 한다고 생각했지. 그래야만 부국강병을 이룩할 수 있다고 생각했던 거야.

한비자의 주장에 대해 어떻게 생각해? 부모보다 군주, 가족보다 나라를 더 중요하게 생각하는 것이 맞을까? 아니면 나의 부모와 가족을 더 중요하게 생각하는 것이 좋을까?

9 싸우지 않고 이긴다 — 손자

삼촌,
지난 주 토요일이었어. 오랜만에 서영이랑 학교 운동장에서 야구를 했지. 근데, 서영이 표정이 왠지 어둡더라고. 헤어질 때쯤 서영이가 그러는 거야.
"너 내가 사 준 글러브는 왜 안 써? 맘에 안 들어?"
난 순간 당황했어. 내 생일에 서영이가 글러브를 선물해 줬는데, 사실 그게 별로여서 쓰질 않고 있었거든. 그걸 서영이가 딱 눈치 챈 거야. 색깔도 마음에 안 들고, 지금 손에 익은 내 글러브보다 커서 불편했어. 그렇다고 서영이한테 사실대로 얘기할 수는 없잖아. 서영이가 몇 번이나 묻는데도 난 어떻게 말해야 할지를 몰라서 입을 꾹 다물고 있었지. 그랬더니 완전히 토라져서는 인사도 없이 획 돌아서 가 버리더라고.
집에 오는 내내 미안한 마음이 들었어. 서영이가 많이 서운했겠다 싶었지.
그런데 삼촌, 한편으로는 이런 마음도 들더라.
'좀 미안하긴 한데, 내가 도대체 뭘 잘못한 거지? 어떤 글러브로 야구를 하든, 그건 내 마음이잖아!'
다음에 서영이 만나면 확실하게 말해 줘야겠어. 선물해 준 건 고마운데, 그걸 가지고 받은 사람 마음에 부담 주는 건 안 하느니만 못하다고! 사과 받아야 할 사람은 오히려 나인 것 같아. 그렇지, 삼촌?

건우가

좋은 마음으로 주고받은 생일 선물에 서로 마음이 상했다니, 이것 참 속상한 일이구나. 서영이가 마음이 상한 건 애써서 골라 선물한 서영이 마음을 건우가 몰라주는 것 같아서일 거야. 그러니 서영이한테 사과를 받겠다거나, 건우 너도 마음이 상했다고 말해 버리는 게 썩 좋은 방법은 아닐 것 같아.

사람마다 서로 생각이 다르고 각자 사정이 있어. 그러니 똑같은 마음이기는 힘들지. 서영이한테 건우가 하고픈 말을 다 퍼붓고 나서 서영이한테 사과를 받는다고 치자. 그렇게 해서 이기면 과연 네 기분이 나아질까? 둘 사이가 더 멀어질지도 모르는데, 그래도 괜찮은 거야?

삼촌이 더 좋은 방법을 가르쳐 줄 테니까 한번 해 봐. 이기는 것도 그냥 이기는 게 아니라 기분 좋게 이기는 방법이 있거든. 사실 이건 삼촌도 누구한테 배운 방법이란다. 그 사람은 바로, 중국의 철학자이자 이름난 군사 전략가인 손자라는 사람이야. 지금부터 손자가 하는 이야기를 한번 들어볼래?

 ### 왕의 후궁을 죽인 손자

《손자》라는 책, 들어 본 적 있어? 잘 모르겠다고? 그럼, 《손자병법》은 들어 봤겠지?

《손자》는 중국의 철학자이자 군사 전략가인 손자가 쓴 책인데, 우리에게는 《손자병법》이란 제목으로 더 잘 알려져 있어. 《손자병법》은 중국뿐 아니라 우리나라, 일본, 그리고 서양에서도 전쟁의 교과서로 널리 읽힌 책이야.

세계의 정복자 나폴레옹도 《손자》를 즐겨 읽었다는구나.

손자가 얼마나 뛰어난 군사 전략가였는지를 보여 주는 이야기가 하나 있어. 손자가 오나라 왕 합려를 만났을 때 이야기야. 합려는 《손자병법》을 읽고는 손자를 등용할까 말까 고민했어. 책을 보아서는 손자를 등용하는 것이 좋을 것 같은데, 실제 사람은 어떤지를 몰랐으니까. 그래서 먼저 손자가 얼마나 뛰어난지 시험해 보고 결정하기로 했지. 합려가 손자를 불러 말했어.

"그대가 쓴 책을 읽어 보았다. 훌륭하더군. 그러나 실제 전투에서도 활용할 수 있는 것인지는 잘 모르겠다. 내 앞에서 군대를 지휘하는 걸 직접 보여 주겠는가?"

"좋습니다. 그럼, 우선 궁녀들을 모두 불러 모아 주시겠습니까?"

군대 지휘하는 모습을 보여 달라고 했는데, 웬 궁녀? 합려는 호기심이 생겨 손자의 부탁대로 해 주었어. 모두 180명의 궁녀가 손자 앞으로 모여들었지.

손자는 궁녀들을 두 편으로 나누었어. 그러고는 합려가 가장 아끼는 후궁 두 사람을 각 편의 대장으로 삼고 이렇게 말했지.

"내가 '앞으로!' 하면 가슴 앞을 보고, '뒤로!' 하면 등 뒤쪽을 보고, '왼쪽으로!' 하면 왼손을, '오른쪽으로!' 하고 말하면 오른손을 보도록 하라. 알겠느냐?"

궁녀들은 모두 알겠다고 대답했어. 손자는 이렇게 약속을 받은 뒤, 궁녀들에게 명령을 내리기 시작했어. 그러나 궁녀들은 손자의 명령을 따르기는커녕 재미있다며 큰소리로 떠들며 웃기만 했지. 재미난 놀이라도 하는 것처럼 말이야. 손자가 같은 명령을 두 번 세 번 되풀이했지만 궁녀들은 여전히 제멋대로였어.

그 모습을 가만히 지켜본 손자는 대장으로 삼은 후궁 두 사람을 불러 근엄한 목소리로 말했어.

"제가 명령을 했는데도 궁녀들이 따르지 않고 있습니다. 두 분 마마님께서 제 명령을 궁녀들에게 제대로 전달하지 않았기 때문입니다. 죄송합니다."

그러고는 후궁 두 사람을 단숨에 칼로 베어 버렸어. 합려가 말리려 했지만 이미 늦은 일이었지.

손자는 두 편의 대장 두 사람을 다시 뽑았어. 그러고는 조금 전과 똑같이 다시 명령을 내렸지. 어떻게 됐을 것 같아? 이번에는 궁녀들이 모두 진지한 표정으로 손자의 명령을 정확하게 따랐단다. 합려는 아끼는 후궁 둘을 죽인 손자가 괘씸했지만, 손자의 뛰어난 용병술을 인정하지 않을 수 없었어. 합려는 손자를 장군으로 삼았단다.

손자가 너무 잔인한 사람 같다고? 그렇더라도 군사 전략가로서의 능력은 확실히 보여 준 셈이구나.

싸우지 않고 이기는 것이 가장 좋다

건우도 친구랑 주먹이나 발로 치고 받으면서 싸워 본 경험이 있을 거야. 장난처럼 투덕거리다가 감정이 상해서 진짜 싸움이 된 경우도 있을 테고. 잘 생각해 보렴. 졌을 때야 말할 것도 없지만, 이겼을 때도 기분이 아주 좋았니? 싸움에서 이겼을 때나 졌을 때나 다 기분이 별로였을 거야. 이겼을 때도 몸과 마음에 난 상처까지 어쩌지는 못했을 테니까.

그럼, 상대방도 나도 둘 다 상처를 입지 않고도 이기는 방법, 혹시 없을까? 이걸 연구한 사람이 바로 손자야.

"싸우지 않고 이기는 것이 가장 좋다!"

이것이 손자 철학의 가장 핵심이란다. 손자의 이야기를 좀 더 들어 볼까? 손자는 적군에게 이기는 데는 네 가지 방법이 있다고 말했어.

첫 번째는 싸우지 않고 이기는 거야. 우리 편이 유리하다는 걸 보여 주어서 적군이 지레 겁먹고 항복하게 만드는 거지.

"우리 편이 유리하다는 것을 적군이 알게 해서 적군이 싸울 의지조차 갖지 못하게 하면, 싸우지 않고도 이길 수 있다."

그렇게 하면 우리 편의 전력을 최대한 아끼면서 승리할 수 있다는 거지.

그래도 적군이 항복하지 않을 수 있어. 만약 동맹국이 적군을 도와준다면, 아무리 힘이 약한 적군이라도 계속 버틸 수가 있겠지. 그럴 때는 적군과 동맹국의 사이를 벌려 놓아야 해. 외교 관계를 끊도록 동맹국을 압박하거나, 이간질을 시켜서라도 말이야. 그러면 적군은 항복할 수밖에 없겠지. 이렇게 외교를 이용하는 것이 두 번째 방법이야.

그런데 생각보다 적군이 더 강해서 계속 버틴다면 어떻게 해야 할까? 그땐 적군을 공격할 수밖에 없어. 이것이 세 번째 방법이야.

그래도 안 되면 적의 성을 공격하는 거야. 네 번째 방법이지. 성을 공격하면 우리 편도 많은 피해를 입게 돼. 그러나 정말 어쩔 수 없는 상황이라면 그렇게라도 해야 한다는 거야.

건우야, 이 네 가지 방법 중에 건우라면 어느 쪽을 선택할래? 당연히 싸우지 않고 이길 수 있는 첫 번째 방법이겠지?

그러나 싸우지 않고 이기기 위해서는 반드시 지혜가 필요해. 그 지혜는 바로 아군과 적군의 상황을 잘 살펴보고 어느 쪽이 얼마나 더 유리한지를 파악하는 것을 말해. 그래서 손자는 이렇게 말했어.

"지피지기면 백전불태다."

상대를 알고 나를 알면 백 번 싸워도 위태롭지 않다는 뜻이야. 적군과 아군에 대해 정확히 파악하면 싸울 때마다 승리하거나, 적어도 지지는 않는다는 거지.

군사력의 차이에 따라 전술이 달라진다!

손자는 말했어.

"상대를 알고 나를 알면 백 번 싸워도 위태롭지 않다 知彼知己 百戰不殆"

많이 들어 본 말이지?

"지피지기면 백전백승이다!"

이 말과도 비슷해. 아군과 적군의 군사력 차이가 어느 정도냐에 따라 싸움의 방법을 달리 하면 반드시 승리한다는 뜻이지.

"우리 편의 병력이 적군의 열 배라면 포위해서 스스로 항복하도록 굴복시켜야 한다. 적군의 다섯 배라면 공격하며, 두 배일 때는 계략을 세워 적을 분산시켜야 한다. 우리 편과 적군의 병력이 대등하면, 적군이 공격하기를 기다려 맞서 싸워야 하고, 우리 편의 병력이 적군보다 적으면 적을 피해서 적과 싸우는 상황을 모면해야 하며, 우리 편의 모든 면이 적군에 미치지 못하면 과감하게 철수해야 한다."

일상생활에서도 얼마든지 적용할 수 있는 원칙이란다. 그래서 손자의 책이 오늘날에도 즐겨 읽히고 있는 것이지.

전쟁의 시대에 걸맞은 인재

춘추전국시대에 등장한 철학자 대부분은 제후국 군주들에게 별로 인기가 없었어. 그 시대는 제후국 사이에 전쟁이 끊이지 않았고, 각 제후국의 군주들은 하루도 마음 편할 날이 없었어. 그런 상황에서 철학자들의 이야기는 대부분 한가로운 소리로만 들렸을 거야. 한비자처럼 실용적인 이야기가 아니라면 대개 무시당할 수밖에 없었지.

군주들은 지금 당장 써먹을 수 있는 인재를 원했어. 나라의 운명을 한순간에 뒤바꿔 놓을 수도 있는 전쟁을 승리로 이끌어 줄 군사 전략가가 필요했지. 그래서 손자와 같은 철학자들이 인기가 많았고, 군주들은 너도나도 데려다 쓰려고 했단다.

손자는 춘추전국시대 당시 최고의 전쟁 전문가였지만, 그렇다고 전쟁이라면 무조건 좋아한 전쟁광은 결코 아니었어. 늘 "싸우지 않고 이기는 것이 가장 좋다"고 주장했으니까.

손자는 또 무조건 우리 편의 힘만 믿고 힘으로 밀어붙이는 건 무모하다고 생각했어. 우리 편과 적군의 상황을 잘 파악해야만 알맞은 전략을 세울 수 있고, 승리할 수 있다고 생각했지.

그러니까 건우도 손자처럼 "싸우지 않고 이기는 방법"을 택하는 게 좋지 않을까?

그럼, 건우가 서영이에게 이기려면 어떻게 해야 할지 한번 보자. 우선은 지피지기, 즉 상대를 알고 나를 알아야 하니까, 두 사람의 전투력을 한번 비교해 보자.

삼촌이 보기에, 서영이는 말솜씨가 아주 뛰어난 아이야. 건우 말솜씨로는 서영이를 이기기 힘들어 보여. 그러니 말로 서영이한테 사과를 받아 내는 건 힘들 것 같아.

건우가 서영이보다 나은 건 뭘까? 힘이나 덩치로 보면 건우가 서영이보다 더 나아. 주먹을 쓴다면 충분히 이길 수 있겠지. 그치만 말이야, 약한 서영이를 주먹으로 이긴다면 그건 비겁한 짓일 거야.

그럼 '싸우지 않고 이기는 방법'은 뭘까?

다음에 서영이를 만나면 솔직하게 말하는 거야. 지금 쓰고 있는 글러브가 손에 익어서 훨씬 편하다고, 그러다 보니 서영이 마음은 헤아리지 못하고 편한 것만 썼다고, 그래도 앞으로는 번갈아 가면서 써 보겠다고, 선물을 준 서영이 마음을 무시하려고 그런 건 아니니까 오해하지 말라고.

그렇게 말하면 서영이도 서운한 마음을 툭툭 털고 너를 이해해 줄 거야. 어쩌면 먼저 헤아려 주지 못해서 미안하다고 할지도 모르지. 다만 색깔이 마음에 안 든다거나, 아빠가 사 준 좋은 글러브보다 재질이 별로라서 쓰기 싫었다는 말은 하지 않는 게 좋겠지? 그건 예의거든. 어때? 이렇게 하면 싸우지 않고도 이기는 게 아닐까?

손자의 철학으로 거란을 물리친 서희

역사책을 읽다 보면, 손자의 철학을 바탕으로 전쟁에서 이긴 경우를 종종 보게 돼. 그중에서도 외교력으로 전쟁을 피하고 전리품까지 챙긴 고려 시대 서희의 담판이 특히 멋졌어.

993년 거란이 고려를 침입했을 때의 일이야. 소손녕이 이끄는 거란은 압록강 아래로 진격하며 고려에 항복을 요구했지. 고려 왕 성종은 서희를 보내 거란을 막도록 했단다.

당시 거란은 중국의 송나라를 괴롭힐 정도로 막강한 군사력을 갖고 있었어. 그러니 송나라보다 훨씬 작은 나라인 고려는 말할 것도 없었지. 그러나 서희는 지레 겁을 먹거나, 미리 포기하지 않았어. 침착하게 거란의 동정을 살핀 뒤, 거란의 속사정을 알아낸 거야.

드디어 서희와 소손녕이 만난 날, 먼저 소손녕이 말했어.

"고려는 우리와 국경을 접하고 있으면서 왜 바다 건너 송나라를 섬기는가? 땅을 떼어 바치고 거란을 섬긴다면 봐주겠지만 그렇게 하지 않는다면 큰 대가를 치르게 하고야 말겠다."

그러자 서희가 대답했어.

"저희가 거란과 국경을 접하고 있다니, 그건 틀린 말입니다. 고려와 거란 사이에는 여진이 버티고 있습니다. 여진을 내쫓고 본디 고려 땅이었던 압록강 부근 땅을 당신네들이 내어준다면, 지금이라도 당장 송나라와 외교 관계를 끊고 거란과 국교를 맺을 것이오!"

소손녕은 할 말을 잃고 말았어. 서희가 거란의 입장을 잘 알고 정곡을 찔렀거든.

거란의 속사정은 이랬어. 사실 거란의 목표는 고려가 아니라 송나라였어. 거란이 송나라를 치기 위해 주변국부터 정리를 해 나가고는 있지만 언제까지고 전쟁만 계속할 수도 없는 사정이었어. 고려가 송나라와 좋은 관계를 맺지 않도록 하는 게 거란이 바라는 일이었는데, 서희의 요청대로 전쟁 없이 고려와 송나라의 관계를 끊어 놓을 수 있다면 그보다 더 좋을 순 없었지. 게다가 소손녕 역시 거란으로 돌아갈 명분을 얻게 되는 거였어.

소손녕은 당장 압록강 동쪽 280리 땅을 고려에게 주겠다고 해. 이게 바로 그 유명한 강동 6주 땅이란다. 소손녕이 군사들을 이끌고 거란으로 돌아간 뒤에도 고려는 거란에 사신을 보내지 않았어. 실속만 차린 거지.

서희는 "싸우지 않고 이기는 것이 가장 좋다. 그러기 위해서는 나와 상대방에 대해 잘 파악해야 한다."는 손자의 철학을 실천에 옮겨 승리를 거둘 수 있었던 거야.

강동 6주 흥화, 용주, 통주, 철주, 구주, 막주 등의 여섯 행정 구역을 말해. 이 강동 6주를 우리 땅으로 삼게 되면서 대륙에서 쳐들어오는 세력을 막고, 우리 생활권이 자연스럽게 압록강을 경계로 정해지게 됐어.

손자는 누구?

　손자는 춘추전국시대 때 제나라에서 태어났어. 본명은 손무. 손자가 태어나고 죽은 게 언제인지는 아직 밝혀지지 않았단다.
　손자의 증조할아버지와 할아버지 모두 제나라의 이름난 장수였어. 피는 못 속이는 법! 손자는 어려서부터 병법서를 열심히 공부했고, 군사 전략 분야에서 뛰어난 재능을 발휘했단다.
　그러나 손자는 자기의 재능을 제나라를 위해 쓰지 못하고 열여덟 살 무렵, 고향을 떠나야 했어. 제나라 군주의 정치가 엄청 가혹했기 때문이지.
　손자는 오나라로 가서 조용히 지내며 병법서를 썼어. 그때 탄생한 책이 바로 《손자》야.
　손자의 인생은 오자서라는 사람을 만나 확 바뀌게 된단다. 오자서는 원래 초나라 사람이었는데, 아버지와 형이 초나라 군주에게 억울한 죽음을 당하자,

오나라로 옮겨 온 거였어. 오자서는 뛰어난 정치력으로 오나라 왕 합려의 신하가 되었지.

오자서의 마음속은 온통 아버지와 형의 원수를 갚아야 한다는 생각뿐이었어. 그래서 합려에게 초나라를 공격해야 한다고 주장했단다. 그러나 합려는 오자서의 주장을 받아들이지 않았어. 초나라를 이길 자신이 없었기 때문이야. 오자서는 좋은 군사 전략가가 생기면 합려의 마음이 움직일 거라고 생각했어. 그래서 손자를 합려에게 추천했지.

오자서의 추천으로 손자는 오나라 왕 합려와 만났어. 그때 손자의 나이 서른세 살이었어. 두 사람의 만남에 대해서는 앞에서 말했지? 합려는 손자를 오나라의 장군으로 삼았어. 그 뒤 오나라는 손자의 활약으로 초나라를 공격해서 수도를 차지했고, 전성기를 누리게 된단다.

손자가 쓴 《손자병법》은 전쟁의 전략과 전술에 관한 책이지만, 그 속에는 세상살이의 지혜도 많이 담겨 있어. 그래서 지금까지도 중국뿐 아니라 세계 여러 나라 사람들이 《손자병법》을 즐겨 읽고 있는 거란다.

삼촌,
우리 연극반 공연이 한 달밖에 안 남았는데,
정말 걱정이야. 배역까지 모두 정했고, 이제 본격적으로
연습을 시작해야 하는데, 요즘 연극반 분위기가
최악이거든.
배역을 정하는 날부터 지금까지 계속 삐거덕거리는 건,
미선이라는 아이 때문이야. 미선이는 이번 연극에서 대사가
두 줄뿐인 역할을 맡게 됐는데, 자기가 주인공이 아니라는 걸 알고는 갑자기
연극을 그만두겠다는 거야. 주인공 역을 맡은 하연이는 연기력도 좋고, 긴
대사도 잘 외워. 그런데 미선이는 연극 연습에도 자주 빠지고 대사 표현력도
떨어지거든. 연습은 싫고 주인공은 하고 싶다는 거야.
나랑 연극반 친구들이 집에도 찾아가 보고, "작은 배우가 있을 뿐 작은
배역은 없다"고 멋진 말로 설득도 했지만 소용없었어. 미선이는 연극반
선생님을 찾아가서 자기가 주인공이 되어야 한다고 졸랐대. 미선이 엄마까지
나서서 배역을 다시 정하자고 하고. 그러느라 정작
연극 연습은 시작도 못 했어.
아무리 주인공이 하고 싶어도 선생님 찾아가고,
엄마까지 동원하고……. 말이 돼?

서영이가

그 미선이란 친구는 아무래도 잘못된 길로 가고 있는 것 같구나. 주인공이 되고 싶은 마음은 알겠지만, 그렇더라도 그런 방법까지 동원하는 건 좀 치사하네. 주인공이 되고 싶었다면 열심히 노력해서 연극반 친구들에게 믿음을 주었어야지. 연습에는 빠졌으면서 엄마 통해 선생님께 주인공을 시켜 달라는 부탁까지 하고 말이야.

이런 일은 학교에서만 벌어지는 일이 아니야. 사회생활을 하다 보면 훨씬 더 자주 겪게 되지. 자기가 얻고 싶은 것, 자기 회사가 이루어야 할 목표, 그 나라가 얻어야 할 자원 등 목적을 위해서 수단과 방법을 가리지 않는 경우가 너무나도 많단다.

반드시 달성해야 하는 목적을 위해서라면 수단과 방법을 가리지 않아도 되는 걸까? 중국 철학자이자 군사 전략가인 오자의 이야기를 통해 함께 고민해 보자꾸나.

 ## 가볍게 해야 하는 것 네 가지

오자의 철학은 오자가 쓴 책 《오자병법》에 잘 담겨 있어. 《오자병법》은 오자가 위나라 왕과 병법에 대해 나눈 이야기를 중심으로 진행된단다.

하루는 위나라 군주가 오자에게 물었어.

"전쟁에서 이기기 위해 가장 먼저 해야 할 일은 무엇인가?"

오자가 대답했어.

"네 가지를 가볍게 하는 것입니다."

가볍게 한다고? 오자는 말을 이었어.

"첫째, 장수가 지형을 잘 알면 말이 경쾌하게 달릴 수 있고, 그러면 말은 땅을 가볍게 여길 겁니다. 둘째, 말을 배불리 먹이면 말이 힘이 넘쳐, 수레를 가볍게 여길 겁니다. 셋째, 수레바퀴에 기름칠을 잘 하면 수레가 부드럽게 달릴 것이고, 그러면 수레가 수레에 탄 사람을 가볍게 여길 겁니다. 넷째, 무기와 갑옷이 튼튼하면 병사들은 싸움을 가볍게 여길 겁니다. 이렇게 네 가지를 가볍게 한다면 전쟁에서 반드시 승리할 수 있습니다."

오자는 말, 수레, 무기와 갑옷, 병사 같은 여러 가지 요소가 잘 준비되면, 전쟁에서 승리할 수 있다고 주장한 거야. 그런데 그 네 가지 중에도 특히 중요한 건 무엇일까? 당연히 적과 직접 맞서 싸우는 사람, 즉 병사겠지? 오자도 병사를 잘 훈련시키는 것이 전쟁의 가장 중요한 요소라고 생각했어. 그래서 위나라 군주에게 이렇게 말해.

"잘 훈련된 병사들은 평소에는 차분하고 조용하지만, 일단 전쟁이 일어나면 위풍당당하게 적진을 향해 나아갑니다. 진격하면 아무도 막을 수 없고, 후퇴하면 아무도 쫓아올 수 없습니다. 나아가든 물러나든 절도 있게 움직이고, 장군의 명령에 따라 질서 있게 움직입니다. 설령 도중에 부대의 행렬이 끊어지더라도 다시 대오를 갖출 수 있습니다."

병사의 고름을 빨아 준 오자

그럼, 병사들을 잘 길러 낼 수 있는 방법은 무엇일까? 오사는 지휘관의 역할이 무엇보다 중요하다고 생각했어. 그러나 오자가 생각하는 지휘관의 모습은 우리가 흔히 생각하는 그런 지휘관의 모습이 아니야. 오자는 지휘관과 병사가 평소에도 동등하게 생활하고, 전쟁터에서도 함께 나아가 싸워야 한다고 생각했어.

지휘관은 일반 병사들과 달라도 많이 달라야 하지 않을까? 지휘관은 일반 병사들보다 계급이 높으니까 평소에 좋은 대우를 받아야 하고, 전쟁터에서도 뒤로 물러나 주로 명령을 내리는 게 당연할 것 같은데 말이야. 그러나 오자의 생각은 보통 사람들의 생각을 뛰어넘는 것이었어.

지휘관은 병사들과 똑같이 행동해야 한다고 생각했고, 오자는 이런 생

각을 실천으로 옮겼어. 신분이 낮은 병사들과 같은 옷을 입고 밥도 함께 먹었어. 행군을 할 때도 말이나 수레를 타지 않았고 함께 걸었지. 자기가 먹을 식량을 직접 등에 지고서 말이야.

한번은 종기가 난 병사가 있었는데, 오자가 병사의 고름을 직접 빨아 낫게 해 주었어. 장군이 병사의 더러운 고름을 빨아 주다니, 지금도 그렇지만 당시로서는 도저히 있을 수 없는 일이었어. 병사들과 함께 먹고 자고 움직이고, 게다가 아픈 병사를 직접 치료까지 해 준 걸 보니, 오자는 무척 마음이 따뜻하고 인간미가 넘치는 장군이었던 모양이라고? 그러나 꼭 그렇지만은 않다는 사실을 다음 이야기에서 느낄 수 있단다.

오자가 병사의 고름을 빨아 낫게 해 주었다는 소식은 그 병사의 어머니에게도 전해졌어. 그런데 병사의 어머니는 기뻐하기는커녕 크게 통곡을 하며 울기 시작했어. 아들의 병을 고쳐 준 장군에게 고마워하기는커녕 장군을 원망하며 슬피 운 거야. 사람들이 아들의 병이 나았다는데 왜 우느냐고 묻자, 어머니는 이렇게 대답했어.

"예전에 오 장군께서 우리 애 아버지의 종기를 빨아 준 적이 있습니다. 그땐 저도 장군의 은혜에 깊이 감사했죠. 그러나 남편은 오 장군의 은혜에 보답하기 위해 용감히 싸웠고, 결국 죽고 말았답니다. 그런데 이번에 또 오 장군께서 우리 애의 종기를 빨아 주었으니, 우리 애도 아비처럼 자기 몸을 돌보지 않고 싸우다가 죽지 않겠어요?"

오자의 수단과 방법은 옳았을까?

　병사 어머니의 말을 들어 보니 어때? 오자라는 사람이 갑자기 무섭게 느껴지지 않니? 사실 오자는 마음이 따뜻하고 인간미가 넘치는 사람이라서 병사들을 잘 대해 준 것이 아니었어. 오자의 목적은 단 하나뿐, 전쟁에 나아가서 적에게 승리하는 것이었지. 적에게 승리를 하려면 병사들이 자신의 지휘에 잘 따라야 하고, 병사들이 지휘에 잘 따르게 하려면 병사들을 감동시켜야 했어. 그래야 병사들이 스스로 복종해서 전투력을 크게 높일 수 있고, 결국에는 그 힘을 바탕으로 승리를 할 수 있을 테니까 말이야.

　그러나 전쟁 승리라는 목적을 달성하기 위해 오자가 취했던 수단과 방법은 과연 옳았을까? 오자의 입장에서는 분명 옳았을 거야. **목적을 달성**하는 데 성공했으니까 말이야.

　병사들의 입장에서도 오자의 수단과 방법은 옳았을까? 친자식처럼 아껴 주는 오자에게 병사들은 분명 감동했겠지. 그러나 그런 오자의 은혜를 갚는다는 마음으로 목숨을 아끼지 않고 싸운 그들에게 돌아온 건 죽음뿐이었을 거야. 오자에게 병사들이란 승리를 위해서는 희생되어도 상관없는 수단이었을 뿐이니까.

　잘못된 수단을 썼던 미선이를 설득할 수 있는 방법을 찾다 보면, 답을 알 수 있을 것도 같아. 이렇게 말해 보면 어떨까?

　"주인공이 되고 싶다면, 우선 이번 연극에서 맡은 배역을 열심히 해서 네가 주인공이 될 자격이 있다는 걸 우리 모두에게 보여 줘. 그러면 다음 연극에서는 네가 주인공이 될 수도 있을 거야!"

　오자의 이야기에서 느낀 것처럼, 목적을 달성하기 위해서는 수단과 방법

목적을 달성하기 위해서라면!

목적을 달성하기 위해 수단과 방법을 가리지 않는 오자의 성격은 오자의 가족 이야기에서도 잘 드러난단다.

젊은 시절 출세하고 싶었던 오자는 권력자들을 찾아다니며 관직을 구하느라 아버지의 수많은 재산을 모두 다 써 버렸대. 그 모습을 지켜본 아버지는 오자 때문에 화병으로 죽었지. 그러자 주위 사람들은 그런 오자를 비난했어. 오자는 자기를 비난하는 사람들을 모조리 죽이고 위나라를 빠져나와 노나라로 도망쳤어.

시간이 흘러, 오자는 노나라 군주의 신하가 되었어. 노나라 군주는 제나라를 공격하기로 하고 오자를 장군으로 임명했지. 그런데 신하들이 노나라 군주의 결정에 반대했어.

"오자의 아내는 제나라 사람입니다. 그런 자가 제나라를 제대로 공격할 수 있겠습니까?"

그러자 오자는 노나라 군주의 의심을 풀기 위해 제나라 사람인 아내를 죽여 버렸어. 그러나 노나라 군주는 너무도 잔인한 오자의 모습을 보고는 깜짝 놀라 오자를 내쳐 버리고 말았단다.

도 옳아야 한다는 걸 미선이가 얼른 깨닫게 되면 좋겠구나.

 ## 옳은 목적을 위해서라면 수단도 바르게

목적을 달성하기 위해 수단과 방법을 가리지 않는 경우는 학교 밖에서도 꽤 많다고 했지? 최근 원자력발전소 건립을 두고 말들이 많은데, 그것 역시 비슷한 예야.

지난 2011년 3월 일본에서 일어난 엄청난 사건에 대해서는 너도 잘 알 거야. 일본 동북 지방에서 쓰나미가 발생해서 수많은 사람의 목숨을 앗아 갔지. 게다가 원자력발전소에 문제가 생겨 전 세계 사람들이 공포에 떨어야 했고 말이야. 지금까지도 방사능에 오염된 물이 바다로 흘러들어 큰 문제가 되고 있어.

그 사건 후 우리나라에서도 원자력발전소를 계속 건설할 것인지를 놓고 논쟁이 벌어졌어. 일본 원자력발전소 문제를 교훈 삼아 건설을 중단해야 한다는 주장이 거셌지만, 값싼 전기를 공급해 주는 만큼 안전에 최선을 다한다는 전제 아래 건설을 계속해야 한다는 주장도 만만치 않았지.

서영이는 원자력발전소에 대해 어떻게 생각해? 삼촌은 원자력발전소를 더 이상 건설하지 않고, 원래부터 있던 발전소도 수명이 다 하면 하나씩 폐기해 나가면 좋겠어. 원자력발전소가 잘못되면 얼마나 큰 대가를 치러야 하는지는 죽음의 땅이 된 체르노빌을 통해서 무섭도록 생생하게 보았으니까.

1986년에 일어난 폭발 사고로 아무도 살지 못하는 땅이 되어 버린 체르노빌 이야기는 너도 들어 봤을 거야. 아무리 선한 목적이라도 그 방법이 위험하다면, 그게 옳은 길이라고 보기는 힘들 것 같아. 원자력발전소 문을 닫으면 매달 내는 전기세는 꽤 올라갈지도 몰라. 대체 에너지를 개발한다고 해도 그걸 통해 원자력발전만큼 값싼 전기를 공급받으려면 많은 시간이 필요할 테니까 말이야.

그렇다고 원자력발전소 건설을 계속 늘린다면 어떻게 될까? 당장은 계속해서 전기를 값싸게 공급받을 수 있으니까 좋겠지. 그러나 일본 쓰나미 때 본 것처럼, 원자력발전소를 아무리 튼튼히 만들고 잘 수리해도 자연재해를 인간의 힘으로 완벽히 막는 것은 불가능해. 우리나라라고 해서 미래에 일본과 같은 재앙을 맞지 않을 거라고는 누구도 장담할 수 없지.

원자력발전소 증설이라는 꺼림칙한 수단으로 국민들에게 값싼 전기를 공급한다는 목적을 실현하는 것이 과연 옳을까? 오히려 목적을 '값싼 전기'의 공급이 아니라 '안전한 전기'의 공급으로 바꾸는 건 어떨까?

오자는 누구?

오자는 기원전 440년 중국 위衛나라에서 태어났어. 부유한 농민의 아들이었던 오자는 젊은 시절 병법서를 공부해서 전쟁의 전략과 전술에 뛰어난 재능을 보였단다.

그 후 오자는 공자의 직계 제자 증자를 스승으로 삼아 공자의 사상을 공부했고 뛰어난 학문으로 세상에 이름을 떨치게 되었어. 자신감에 가득 찬 오자는 출세하기 위해 여러 나라를 떠돌아다녔고, 노나라, 위나라, 초나라 등을 거치며 장군으로 활약했어.

오자는 자신의 병법을 활용하여 전쟁을 지휘했어. 일생 동안 모두 76번 싸웠는데, 무려 64번이나 이기고 나머지 12번도 모두 비겼을 뿐, 단 한 번도 지지 않았다는구나. 손자가 말한 '백전불태'를 실현한 장수였지. 오자의 병법이 얼마나 대단했는지 알겠지?

그러나 너무 뛰어난 게 탈이었을까? 아니면 목적을 달성하기 위해서는 수단과 방법을 가리지 않는 잔인한 성격 탓이었을까? 오자는 자신의 뜻을 실현하는 과정에서 많은 사람들에게 미움을 샀어. 그래서 결국 기원전 381년, 비참하게 죽고 만단다.

    오자는 공자의 사상을 공부했다고 했지? 그 덕분에 오자는 공자의 도덕 정치 철학을 병법에 접목시킬 수 있었어. 군주가 백성을 덕으로 다스려야 하듯이, 지휘관은 병사를 덕으로 다스려야 한다고 생각한 거지. 물론 병사를 덕으로 다스리는 목적이 전쟁에서 이기기 위한 것이기는 했지만, 오자의 철학이 지휘관과 병사의 관계를 새롭게 정립했다는 점에서 중요한 역할을 한 것 또한 빼놓을 수 없는 사실이야.

더 깊이 생각해 보자 6

복종에 대한 생각의 차이

손자 VS 오자

"백성들 모두 군사에 대해 이야기하고, 《손자병법》과 《오자병법》을 집집마다 가지고 있다. 그런데도 군사가 더욱 약해지는 것은 무슨 까닭인가? 그것은 말로만 군사에 대해 이야기할 뿐, 직접 전쟁터에 나가 싸우는 사람은 적기 때문이다."

한비자가 자신의 책 《한비자》에서 한 말이야. 춘추전국시대 때 손자의 《손자병법》과 오자의 《오자병법》이 얼마나 널리 읽혔는지 잘 알 수 있지.

《손자병법》과 《오자병법》은 서로 차이점이 있어. 《손자병법》이 전쟁의 기본 원리를 중요하게 여긴 책이라면, 《오자병법》은 전쟁의 구체적인 기술을 상세히 서술한 책이야. 그러나 가장 큰 차이점은 손자와 오자가 군사를 통솔하는 방법에 있었어.

손자는 강력한 지도력으로 군사들이 명령에 무조건 복종하게 해야만 전쟁에서 승리할 수 있다고 주장했어. 반면 오자는 강압적인 방법보다는 군사들이 자발적으로 복종할 수 있도록 이끌어 내는 것이 더 효과적이라고 생각했지.

"군사들을 도망칠 수 없는 곳으로 투입한다. 그러면 군사들은 죽을 각오를 하고 싸울 것이며, 결코 물러나지 않을 것이다. 죽을 각오를 하고 싸우며 항복할 생각을 하지 않으니, 어찌 임무를 제대로 수행하지 못하겠는가? 군사들은 빠져나갈 길이 없으면 더욱 단결하고, 적국에 깊숙이 들어갈수록 더욱 뭉친다. 쥐가 궁지에 몰리면 고양이를 물듯이, 사람 역시 궁지에 몰리면 죽을 각오를 하고 싸울 것이다."

《손자병법》에 나오는 말이야. 손자는 군사들이 무조건 복종할 수 있는 환경을 만들어야만 군사들의 복종을 이끌어 낼 수 있고, 전쟁에서도 승리할 수 있다고 생각했지.

그럼, 이번에는 오자의 생각을 들어 볼까?

"장수와 군사들이 삶과 죽음, 즐거움과 괴로움을 함께하는 군대는 한 덩어리처럼 움직인다. 늘 힘을 합쳐 싸우기 때문에 결코 지치지 않는다. 이런 군대는 어디에 투입해도 천하에 당할 적이 없다."

《오자병법》에 나오는 말이야. 오자는 장수가 군사들을 자식처럼 대해야만 군사들이 스스로 복종할 수 있고, 그래야 어떤 전쟁에서도 결코 지지 않는다고 생각했단다.

손자와 오자의 방법 중 어느 쪽이 더 좋아 보여? 얼핏 보기엔 오자의 방법이 더 그럴싸해 보이는구나. 그러나 장수가 무조건 따뜻하게만 대하면 오히려 군사들의 기강이 해이해질 수도 있지 않을까? 가장 좋은 건 상황에 따라 손자와 오자의 방법을 함께 사용하는 것일 것 같아.

 참고 문헌

가이즈카 시게키 지음, 이목 옮김,《한비자 교양 강의》, 돌베개, 2012.
강신주 지음,《노자: 국가의 발견과 제국의 형이상학》, 태학사, 2004.
강신주 지음,《장자, 차이를 횡단하는 즐거운 모험》, 그린비출판사, 2007.
강신주 지음,《철학 vs 철학: 동서양 철학의 모든 것》, 그린비출판사, 2010.
강신주 지음,《철학의 시대: 춘추전국시대와 제자백가》, 사계절출판사, 2011.
강신주 지음,《철학이 필요한 시간》, 사계절출판사, 2011.
공자 지음, 김학주 옮김,《논어》, 서울대학교출판부, 2003.
기세춘 역저,《묵점 기세춘 선생과 함께하는 묵자》, 바이북스, 2009.
김교빈·이현구 지음,《동양철학 에세이》, 동녘, 2006.
묵자 지음, 김학주 옮김,《묵자》, 명문당, 2003.
미야자키 이치사다 지음, 박영철 옮김,《논어》, 이산, 2001.
박한제 외 지음,《아틀라스 중국사》, 사계절출판사, 2007.
벤자민 슈워츠 지음, 나성 옮김,《중국 고대 사상의 세계》, 살림출판사, 2004.
사마천 지음, 김원중 옮김,《사기열전》1 2, 민음사, 2009.
성백효 역주 지음,《맹자집주》, 전통문화연구회, 2005.

손무·오기 지음, 신동준 역주, 《무경십서: 중국의 모든 지혜를 담은 10대 병법서》 1, 역사의아침, 2012.

손자 지음, 김원중 옮김, 《손자병법: 세상의 모든 전쟁을 위한 고전》, 글항아리, 2011.

순자 지음, 김학주 옮김, 《순자》, 을유문화사, 2008.

아사노 유이치 지음, 김성배 옮김, 《한 권으로 읽는 제자백가》, 천지인, 2012.

열자 지음, 김학주 옮김, 《열자》, 연암서가, 2011.

오기 지음, 이영직 편역, 《오자병법: 너무나 직설적인 '승리를 위한 전략서'》, 스마트비즈니스, 2007.

우치야마 도시히코 지음, 석하고전연구회 옮김, 《순자 교양 강의》, 돌베개, 2013.

웨난 지음, 심규호·유소영 옮김, 《손자병법의 탄생》, 일빛, 2011.

이인호 지음, 《사기 이야기》, 천지인, 2008.

이중톈 지음, 심규호 옮김, 《백가쟁명》, 에버리치홀딩스, 2010.

진순신 지음, 서은숙 옮김, 《논어 교양 강의》, 돌베개, 2010.

푸페이룽 지음, 정광훈 옮김, 《맹자 교양 강의》, 돌베개, 2010.

한비자 지음, 김원중 옮김, 《한비자: 제왕학의 영원한 성전》, 글항아리, 2010.